D1652910

Andrea Dinevski, Nicola Waldmeier

Ratgeber Pensionierung

Antworten auf die wichtigsten Fragen zur Pensionierung

Zürich, 2007

4. Auflage

ISBN 978-3-9523141-3-5

Gestaltung und Realisation: Corina Grütter, VZ, 8002 Zürich

VZ RATGEBER

Pensionierung

Antworten auf
die wichtigsten Fragen
zur Pensionierung.
Mit vielen Tipps für
die richtige Planung
Ihres Ruhestands.

AHV

Pensionskasse

Liegenschaften

Steuern

Nachlass

Auswandern

Frühpensionierung

Budget

Vermögen

Anlagestrategien

Planungshilfen

VZ VermögensZentrum

Inhalt

Vorwort Hauseigentümerverband Schweiz (HEV Schweiz)

Seit Jahren veröffentlicht der HEV Schweiz Bücher und Ratgeber, die in weiten Kreisen Beachtung finden. Parallel dazu steht Ihnen ein breites Kursangebot zur Verfügung. Mit dem Bau des eigenen HEV-Kurslokals und der Gründung des HEV Instituts für Eigentum und Vorsorge per 1. Januar 2004 unterstreicht der HEV seinen Willen, das Weiterbildungsangebot auch in Zukunft auszubauen. So finden seit Jahren auch ausgewählte Kurse in Zusammenarbeit mit dem VZ VermögensZentrum statt (zum Beispiel zu den Themen Pensionierung, Steuern und Nachlassplanung).

Die vorliegende dritte Auflage des Ratgebers «Pensionierung» versucht, die am häufigsten gestellten Fragen anhand von anschaulichen Beispielen zu erläutern. Selbstverständlich können Fragen rund um die Pensionierung nur im persönlichen Gespräch abschliessend behandelt werden. Wir sind jedoch überzeugt, dass dieser Ratgeber für Sie zum wertvollen Wegbegleiter wird.

Wir danken an dieser Stelle dem Geschäftsleiter des VZ, Herrn Matthias Reinhart, und seinen engagierten Mitarbeitenden für die kompetente Unterstützung.

Selbstverständlich steht Ihnen der HEV Schweiz jederzeit mit Rat und Tat zur Seite. Unsere Mitglieder erhalten Rechtsauskünfte kostenlos und sämtliche Dienstleistungen (inklusive Bücher und Kurse) zu Vorzugskonditionen. Mehr Informationen finden Sie auch auf unserer Website www.hev-schweiz.ch. Besuchen Sie uns!

Ihr HEV Schweiz

Vorwort VZ VermögensZentrum

Mit der Pensionierung beginnt ein neuer Lebensabschnitt – auch in finanzieller Hinsicht. Bevor Sie Ihrem Lebensabend gelassen entgegenblicken können, müssen Sie viele Entscheide von erheblicher Tragweite treffen.

Das Thema Pensionierung ist komplex, weil Fragen zu AHV, Pensionskasse, Versicherungen, Steuern, Immobilien, Wertschriften und Nachlass zusammentreffen. Nur wer das notwendige Fachwissen besitzt und auch die übergeordneten Zusammenhänge kennt, kann die richtigen Empfehlungen geben.

Niemand hat so viel Erfahrung mit komplexen Pensionierungsfragen wie die Expertinnen und Experten des VZ VermögensZentrum. Wir unterstützen jedes Jahr mehrere tausend Personen bei der finanziellen Planung ihres Ruhestands und wissen deshalb, welche Fragen angehende Pensionierte beschäftigen. Im vorliegenden Ratgeber erhalten Sie Antworten auf diese Fragen. Beispielrechnungen helfen Ihnen, den Sachverhalt besser zu verstehen. Und mit den vielen Tipps können Sie Geld sparen, das Sie im Ruhestand zusätzlich zur Verfügung haben.

Natürlich kann dieser Ratgeber keine fundierte Beratung ersetzen, denn die optimale Lösung sieht in jedem einzelnen Fall anders aus. Er zeigt aber Lösungsansätze auf und hilft Ihnen, die Weichen für einen finanziell gesicherten Ruhestand richtig zu stellen. Bei Fragen helfen Ihnen unsere Beraterinnen und Berater in einem persönlichen Gespräch selbstverständlich gerne weiter.

Matthias Reinhart, Geschäftsleiter VZ VermögensZentrum

www.vzonline.ch

Interaktive Beratung und Online-Vergleiche

Die interaktive Beratung und die Online-Vergleiche des VZ VermögensZentrum helfen Ihnen, Finanzdienstleistungen besser zu verstehen und die attraktivsten Angebote auszuwählen. Auf vzonline.ch finden Sie Berechnungstools und Antworten auf die wichtigsten Fragen zu den folgenden Themen: Pensionierung, Erben und Schenken, Eigenheimfinanzierung, Geldanlagen. Ausserdem erfahren Sie, wer die günstigsten Hypothekarzinsen, Lebensversicherungen oder Krankenkassenprämien anbietet. Jeden Monat nutzen über 30'000 Besucherinnen und Besucher diese kostenlose Informationsquelle.

Berechnen Sie unter vzonline.ch zum Beispiel:

- Wie wirkt sich die Pensionierung auf meinen Lebensstandard aus?
- Rente oder Kapital: Was ist in meinem Fall besser?
- Kann ich mir eine Frühpensionierung leisten?
- Wer sind meine gesetzlichen Erben, und welcher Anteil am Erbe steht ihnen zu?
- Wie viel meines Vermögens kann ich nach Berücksichtigung der gesetzlichen Pflichtteile frei vererben?
- Welche Anlagestrategie passt zu mir?
- Mit welcher Vermögensstruktur erreiche ich meine Ziele am besten?

Mit vzonline.ch sind Sie einfach besser informiert.

Porträt VZ VermögensZentrum

Experten in Fragen rund ums Geld

Das VZ VermögensZentrum ist das führende unabhängige Finanzdienstleistungsunternehmen der Schweiz. Wir beraten Privatpersonen und Firmen in allen Fragen zu Geldanlagen, Hypotheken, Steuern, Versicherungen sowie bei Pensionierungs- und Nachlassplanungen. Mit unseren Konzepten optimieren wir Einkommen, Vermögen und Steuern. Viele zufriedene Kundinnen und Kunden beauftragen uns auch gleich mit der Umsetzung unserer Empfehlungen. Denn wir sind nicht nur Berater, sondern auch Vermögensverwalter.

Weil wir kompetent und unabhängig sind, ist unsere Meinung zu Finanzthemen auch in den Medien gefragt. Wir publizieren laufend aktuelle Beiträge zu Fragen rund ums Geld und sind regelmässig Gäste in Radio und Fernsehen.

Hier sind Sie gut beraten

Ob Sie Vermögen bilden, vermehren oder neu strukturieren wollen – bei uns sind Sie an der richtigen Adresse. Profitieren Sie von den Vorteilen einer unabhängigen Beratung. Das erste Gespräch ist kostenlos und unverbindlich. Wir freuen uns auf Ihren Anruf.

- Aarau: Tel. 062 825 28 28
- Basel: Tel. 061 279 89 89
- Bern: Tel. 031 329 26 26
- Genève: Tel. 022 595 15 15
- Lausanne: Tel. 021 341 30 30
- Luzern: Tel. 041 220 70 70
- München: Tel. 0049 (0)89 288 117 0
- St. Gallen: Tel. 071 231 18 18
- Zug: Tel. 041 726 11 11
- Zürich: Tel. 044 207 27 27

Kapitel 1

Wie viel AHV erhalte ich?

Wie viel AHV erhalte ich?

In der schweizerischen Bundesverfassung steht, dass die AHV-Rente den existenziellen Geldbedarf im Alter angemessen zu decken hat. Mehr als ein Basiseinkommen sollte man sich nicht erhoffen, denn für ein materiell sorgenfreies Leben nach der Pensionierung reicht heute selbst die AHV-Maximalrente nicht aus. Wer seinen Lebensstandard über die Erwerbsaufgabe hinaus aufrechterhalten möchte, ist auf Zusatzeinkünfte angewiesen.

Berechnung der AHV-Rente

Regulär erhalten Männer derzeit mit 65 Jahren ihre AHV-Rente, Frauen mit 64 Jahren. Die Höhe der Rente hängt vom so genannten massgebenden durchschnittlichen Jahreseinkommen und der Anzahl Beitragsjahre ab.

Die Altersrenten der AHV

Angaben in Fr. pro Jahr; Voraussetzung: keine Beitragslücken

Massgebendes durchschnittliches Jahreseinkommen	Altersrente für allein Stehende	Altersrente für Ehepaare (Splitting)[1]	Altersrente für Witwen und Witwer[2]
bis 13'260	13'260	2 x 13'260	15'912
19'890	14'988	2 x 14'988	17'976
26'520	16'704	2 x 16'704	20'052
33'150	18'432	2 x 18'432	22'116
39'780	20'160	2 x 19'890	24'192
46'410	21'216	2 x 19'890	25'464
53'040	22'272	2 x 19'890	26'520
59'670	23'340	2 x 19'890	26'520
66'300	24'396	2 x 19'890	26'520
72'930	25'464	2 x 19'890	26'520
ab 79'560	26'520	2 x 19'890	26'520

1 Ehepaare erhalten zusammen höchstens 39'780 Fr. Rente pro Jahr (150% der maximalen Einzelrente von 26'520 Fr.)
2 Besteht gleichzeitig ein Anspruch auf eine Hinterlassenenrente, wird die höhere der beiden Renten ausgerichtet.

Das massgebende durchschnittliche Jahreseinkommen setzt sich zusammen aus der Summe aller auf dem persönlichen AHV-Konto verbuchten Erwerbseinkommen, multipliziert mit einem Aufwertungsfaktor, mit dem der Anstieg des Lohn- und Preisniveaus aus früheren Jahren ausgeglichen werden soll. Hinzu gezählt werden zudem (Kinder-)Erziehungsgutschriften und Betreuungsgutschriften für die Pflege von nahen Verwandten.
Bei einem massgebenden jährlichen Durchschnittseinkommen von beispielsweise 66'300 Franken beläuft sich die AHV-Rente für allein Stehende auf 24'396 Franken pro Jahr. Die Maximalrente von 26'520 Franken erhält, wer auf ein Durchschnittseinkommen von 79'560 Franken oder höher kommt. Beträgt das durchschnittliche Einkommen 13'260 Franken oder weniger, erhält man die Minimalrente von 13'260 Franken. Die Renten werden spätestens alle zwei Jahre an die Teuerung und an die allgemeine Lohnentwicklung angepasst.

Rentenkürzung bei Beitragslücken

Die volle Rente erhält nur, wer seine AHV-Beiträge lückenlos bezahlt hat. Die Beitragspflicht beginnt spätestens ab dem 21. Altersjahr. Männer benötigen daher für eine lückenlose Beitragsdauer 44 Beitragsjahre, Frauen 43 Jahre. Pro fehlendes Beitragsjahr wird die Rente anteilsmässig gekürzt. Beitragslücken, die nicht mehr als fünf Jahre zurückliegen, lassen sich unter Umständen schliessen, indem der Minimalbeitrag von 445 Franken pro Jahr nachträglich einbezahlt wird.

AHV-Rente für Ehepaare

Bei Ehepaaren werden die Beiträge (inklusive Erziehungs- und Betreuungsgutschriften), die den beiden Partnern während der Ehe auf ihrem AHV-Konto gutgeschrieben wurden, hälftig geteilt (so genanntes Splitting) und die Einzelrenten auf dieser Basis berechnet.

Die beiden gesplitteten Einzelrenten dürfen zusammen nicht mehr als das Anderthalbfache der Maximalrente für allein stehende Personen betragen. Pensionierte Ehepaare erhalten also zusammen höchstens 39'780 Franken AHV-Rente pro Jahr (1,5-mal 26'520 Franken). Die beiden Einzelrenten werden gegebenenfalls anteilsmässig gekürzt (so genannte Plafonierung). Bezieht erst ein Ehepartner eine Altersrente, wird sie auf der Basis seiner eigenen AHV-Beiträge berechnet. Erst mit der Pensionierung des zweiten Ehepartners kommt es zum Splitting.

Rente für den hinterbliebenen Ehepartner

Stirbt ein Ehepartner, wird die Altersrente des überlebenden Partners neu berechnet. Die bisherige Plafonierung für Ehepartner entfällt. Der überlebende Partner erhält eine Altersrente wie eine allein stehende Person, allerdings mit einem Witwen- bzw. Witwerzuschlag von 20 Prozent. Die Altersrente für Witwen und Witwer beträgt zurzeit höchstens 26'520 Franken pro Jahr. Erfüllen verwitwete Personen gleichzeitig die Voraussetzungen für eine Hinterlassenenrente, wird die höhere der beiden Renten ausgerichtet.

Ergänzungsleistungen und Hilflosenentschädigung

Rentnerinnen und Rentner, die in bescheidenen wirtschaftlichen Verhältnissen leben, haben unter bestimmten Voraussetzungen Anspruch auf Ergänzungsleistungen. Pflegebedürftige können eine Hilflosenentschädigung beantragen. Je nach Grad der Hilflosigkeit bzw. Pflegebedürftigkeit beträgt die Entschädigung bis zu 884 Franken pro Monat. Die Hilflosenentschädigung erhalten auch pflegebedürftige Personen, die in wirtschaftlich gesicherten Verhältnissen leben.

Ohne Anmeldung keine Rente

Wer das AHV-Alter erreicht, erhält seine Altersrente nicht automatisch. Der Bezug der Rente muss beantragt werden. Damit die erste Rente pünktlich kommt, am besten drei bis vier Monate vor Rentenbeginn. Zuständig ist die Ausgleichskasse, der zuletzt Beiträge entrichtet wurden. Das Anmeldeformular ist erhältlich bei jeder AHV-Zweigstelle oder im Internet unter www.ahv.ch im Menüpunkt «Formulare».

Tipp!

Wer wissen möchten, wie hoch seine AHV-Rente voraussichtlich sein wird, kann eine Rentenvorausberechnung verlangen. Das Antragsformular ist bei jeder AHV-Ausgleichskasse erhältlich oder im Internet unter www.ahv.ch im Menüpunkt «Formulare». Für Personen ab 40 Jahren ist die Rentenvorausberechnung in der Regel gratis. Beachten Sie: Die definitive Rente kann erst im Zeitpunkt des Rentenbezugs ermittelt werden. Liegt die Pensionierung noch weit entfernt, ist die Rentenvorausberechnung möglicherweise wenig aussagekräftig. Wer keine Beitragslücken hat und durchschnittlich mindestens 79'560 Franken pro Jahr verdient, kann davon ausgehen, dass er die maximale AHV-Rente erhält.

Vorbezug der Rente

Wer frühzeitig in Pension geht, kann die AHV-Rente um ein ganzes oder zwei ganze Jahre vorbeziehen. Männer können die Rente also frühestens mit 63 Jahren abrufen, Frauen mit 62 Jahren. Im Gegenzug wird die Rente lebenslänglich gekürzt, und zwar um 6,8 Prozent pro Vorbezugsjahr. Frauen mit Jahrgang 1947 und älter profitieren im Rahmen einer Sonderregelung von einer Rentenkürzung von lediglich 3,4 Prozent pro Jahr. Achtung: Wer die Anmeldung zum Rentenbezug nicht spätestens am letzten Tag des Monats bei der AHV einreicht, in dem er das entsprechende Altersjahr vollendet hat, erhält die Rente erst ab dem folgenden Geburtstag.

Tipp!

Ein Vorbezug lohnt sich dank den tieferen Kürzungssätzen vor allem für Frauen mit Jahrgang 1947 und älter. Ihre Rentensumme ist bei einem Vorbezug höher als bei einem regulären Rentenbezug, falls sie nicht wesentlich über 90 Jahre alt werden.

Rentenaufschub

Wer über das AHV-Alter hinaus arbeitet oder finanziell noch nicht auf die Rente angewiesen ist, kann den Rentenbezug um mindestens ein Jahr, maximal aber um fünf Jahre aufschieben. Dadurch erhöht sich die Rente während der gesamten Bezugsdauer um bis zu 31,5 Prozent.

Der Aufschub muss spätestens ein Jahr nach Erreichen des ordentlichen Rentenalters angemeldet werden. Bis zu diesem Zeitpunkt lässt sich ein bereits angemeldeter Aufschub auch widerrufen. Die Rente wird dann rückwirkend ausbezahlt.

Bei einem aufgeschobenen Bezug erhöht sich die Rente

Rentenerhöhung in Prozent nach einer Aufschubsdauer von

Jahren	und Monaten			
	0 bis 2	3 bis 5	6 bis 8	9 bis 11
1	5,2%	6,6%	8,0%	9,4%
2	10,8%	12,3%	13,9%	15,5%
3	17,1%	18,8%	20,5%	22,2%
4	24,0%	25,8%	27,7%	29,6%
5	31,5%	–	–	–

Lesebeispiel: Wer den Rentenbezug um 2 Jahre und 8 Monate aufschiebt, erhält lebenslänglich eine um 13,9% höhere Rente.

Nach Ablauf eines Jahres ist die Rente während der Aufschubszeit jederzeit abrufbar. Die genaue Aufschubdauer muss also nicht zum Vornherein festgelegt werden.

Tipp!

Ein Aufschub der Rente lohnt sich vor allem für Personen, die sich aufgrund ihres Erwerbseinkommens in einer hohen Steuerprogression befinden. Bei einem regulären Bezug würden bis zu 45 Prozent ihrer Rente an den Fiskus gehen. Ein Rentenaufschub sollte aber nicht nur von steuerlichen Kriterien abhängig gemacht werden. Wer mit grosser Wahrscheinlichkeit nicht mehr lange lebt, bezieht die Rente trotz hoher Steuerbelastung besser zum regulären Zeitpunkt oder sogar vorzeitig. So erhält man auch nach Berücksichtigung der Steuern bis zum Tod eine höhere Rentensumme als bei einem aufgeschobenen Bezug.

AHV-Beiträge bei vorzeitiger Pensionierung

Wer vorzeitig in Pension geht, bleibt bis zum regulären AHV-Alter beitragspflichtig. Das gilt auch dann, wenn man die Rente vorbezieht. Frühpensionierte gelten bei der AHV als Nichterwerbstätige. Die AHV-Beiträge für Nichterwerbstätige richten sich nach ihrem Vermögen und ihrem Renteneinkommen (exklusive AHV- oder IV-Renten). Die Renteneinkünfte werden mit dem Faktor 20 multipliziert und zum Vermögen hinzugerechnet.

AHV-Beiträge für Nichterwerbstätige (z.B. Frühpensionierte)

Reinvermögen zuzüglich mit 20 multipliziertem jährlichem Renteneinkommen	Jährlicher Beitrag an die AHV/IV/EO
unter 300'000 Fr.	445 Fr. (Mindestbeitrag)
500'000 Fr.	909 Fr.
750'000 Fr.	1'414 Fr.
1'000'000 Fr.	1'919 Fr.
1'250'000 Fr.	2'424 Fr.
1'500'000 Fr.	2'929 Fr.
1'750'000 Fr.	3'434 Fr.
2'000'000 Fr.	4'192 Fr.
2'250'000 Fr.	4'950 Fr.
2'500'000 Fr.	5'707 Fr.
2'750'000 Fr.	6'465 Fr.
3'000'000 Fr.	7'222 Fr.
ab 3'950'000 Fr.	10'100 Fr.

Bei verheirateten Nichterwerbstätigen wird nur die Hälfte des Vermögens und des Renteneinkommens als Berechnungs-

AHV
Pensionskasse
Liegenschaften
Steuern
Nachlass
Auswandern
Frühpensionierung
Budget
Vermögen
Anlagestrategien
Planungshilfen

grundlage beigezogen. Je nach Höhe des Vermögens und Renteneinkommens sind AHV-Beiträge zwischen 445 und 10'100 Franken pro Jahr und Person zu zahlen.
Angenommen, das Vermögen eines Frühpensionierten beläuft sich auf 500'000 Franken und sein jährliches Renteneinkommen auf 50'000 Franken. Der AHV-Beitrag beträgt in diesem Fall 2'929 Franken im Jahr (Berechnungsgrundlage: 500'000 Franken Vermögen plus 20faches Renteneinkommen = 1'500'000 Franken). Ein Ehepaar, bei dem beide Ehepartner frühpensioniert sind, muss bei gleichem Vermögen und Einkommen wie im vorherigen Beispiel 1'414 Franken pro Person bezahlen.

Tipp!

Frühpensionierte werden von ihrer Ausgleichskasse nicht automatisch zur Beitragszahlung aufgefordert. Betroffene sollten sich jedoch in ihrem eigenen Interesse rechtzeitig bei ihrer Ausgleichskasse melden. Stellt die Ausgleichskasse bei der Anmeldung zum Bezug der Altersrente ein Beitragsversäumnis fest, wird sie die ihr gesetzlich zustehenden Beiträge nachträglich einfordern – samt Verzugszinsen.
Die Beiträge lassen sich unter Umständen senken, wenn auch nach der Frühpensionierung ein Erwerbseinkommen erzielt wird. Beträgt das jährliche Arbeitspensum mindestens 50 Prozent oder arbeitet man mindestens neun Monate im Jahr, gilt man bei der AHV als erwerbstätig und zahlt Beiträge aufgrund des Erwerbseinkommens. Bei einem kleineren Pensum vergleicht die Ausgleichskasse die Beiträge, die als Nichterwerbstätiger geschuldet sind, mit den Beiträgen aus dem Erwerbseinkommen inklusive den Beiträgen des Arbeitgebers. Sind die Beiträge aus dem Erwerbseinkommen höher als die Hälfte der Nichterwerbstätigen-Beiträge, ist die Beitragspflicht erfüllt.
Die bezahlten AHV-Beiträge können in der Steuererklärung abgezogen werden.

AHV-Beiträge bei später Pensionierung

Nicht nur wer frühzeitig in Pension geht, sondern auch wer das ordentliche Rentenalter erreicht hat und weiter erwerbstätig ist, bleibt gegenüber der AHV beitragspflichtig. Angestellte zahlen 5,05 Prozent des Erwerbseinkommens, Selbstständige je nach Einkommen zwischen 5,1 und 9,4 Prozent. Für Erwerbstätige im Rentenalter gilt ein Freibetrag von 1'400 Franken pro Monat oder 16'800 Franken pro Jahr. Die Beiträge werden also nur vom Einkommen erhoben, das diesen Freibetrag übersteigt. Wer verschiedene Tätigkeiten ausübt, die separat entlöhnt werden, kann den Freibetrag für jede dieser Tätigkeiten geltend machen. Das gilt zum Beispiel dann, wenn man gleichzeitig bei zwei verschiedenen Arbeitgebern angestellt ist. Oder wenn man angestellt ist und gleichzeitig ein Einkommen aus einer selbstständigen Tätigkeit hat.

Kapitel 2

Pensionskasse: Soll ich die Rente oder das Kapital beziehen?

Pensionskasse: Soll ich die Rente oder das Kapital beziehen?

Angehende Pensionierte müssen sich entscheiden, ob sie ihr Pensionskassenkapital auszahlen lassen oder eine Rente beziehen möchten. Gemäss Gesetz dürfen die Versicherten mindestens einen Viertel des obligatorischen Altersguthabens als Kapitalleistung beziehen. Viele Pensionskassen bieten ihren Versicherten an, mehr als einen Viertel oder sogar das gesamte Altersguthaben in Kapitalform zu beziehen.

Ein schwieriger, aber wichtiger Entscheid

Es gibt keine allgemein gültige Empfehlung, welche der beiden Möglichkeiten besser ist. Je nach persönlichen Wünschen und Zielen, der Familien- und Vermögenssituation kann die eine oder die andere Variante richtig sein. Spätestens wenn das Kapital oder die erste Rente ausbezahlt ist, lässt sich der Entscheid nicht mehr widerrufen. Deshalb ist es wichtig, die Vor- und Nachteile des Kapital- und Rentenbezugs frühzeitig abzuwägen.

Höhe des Einkommens

Massgebend für die Höhe der Rente sind das Pensionskassenguthaben zum Zeitpunkt der Pensionierung und der Umwandlungssatz. Mit diesem Satz wird das Guthaben in eine Rente umgerechnet. Ein Umwandlungssatz von zum Beispiel 7 Prozent ergibt pro 100'000 Franken Kapital eine Rente von 7'000 Franken im Jahr.
Der Umwandlungssatz für das obligatorische Guthaben ist gesetzlich festgelegt. Er beträgt bei ordentlicher Pensionierung im 2007 für Männer 7,1 Prozent und für Frauen 7,15 Prozent. Dieser Umwandlungssatz wird bis 2014 kontinuierlich auf 6,8 Prozent gesenkt (siehe Tabelle auf der Seite 24). Der Bundesrat möchte ihn noch stärker und schneller senken, nämlich auf 6,4 Prozent bis 2011. Die tieferen Sätze sollen bereits ab 2008 gelten. Der Bundesrat überwies Ende 2006

Gegenüberstellung Renten- und Kapitalbezug

	Rentenbezug	Kapitalbezug
Sicherheit	Rente lebenslang garantiert	Abhängig von der gewählten Anlagestrategie
Flexibilität	Keine Flexibilität	Hohe Flexibilität
Einkommenshöhe	Umwandlungssatz[1] von 6,8 bis 7,2% (auf Obligatorium bei ordentlicher Pensionierung)	Je nach Organisationsform (abhängig von Lebenserwartung und Erträgen aus dem angelegten Kapital)
Hinterlassenenleistungen		
• Ehegatte/-in	60% der Altersrente[2]	Erhalt des bisherigen Einkommens möglich[4]
• Kinder	20% der Altersrente bis Alter 18 (evtl. 25)[2]	Erbrechtliche Begünstigung möglich
• Konkubinatspartner/-in	Kein gesetzlicher Anspruch[3]	Erbrechtliche Begünstigung möglich
Besteuerung		
• bei der Auszahlung	–	Einmalige Besteuerung getrennt vom übrigen Einkommen
• als Einkommen	Rente in Bund und Kanton zu 100% steuerbar	Nur Kapitalerträge (z.B. Zinsen, Dividenden) als Einkommen steuerbar
• als Vermögen	–	Nach Auszahlung als Vermögen steuerbar
Teuerungsausgleich	Abhängig von den finanziellen Möglichkeiten der Pensionskasse	Gemäss persönlicher Planung

1 Der gesetzliche Umwandlungssatz sinkt von 2005 bis 2014 schrittweise von 7,2 auf 6,8%. Für überobligatorische Guthaben sind bereits heute tiefere Umwandlungssätze die Regel
2 Gesetzliche Regelung: Je nach Pensionskasse höhere Renten möglich
3 Pensionskassenreglement kann Begünstigung unter gewissen Voraussetzungen vorsehen
4 Abhängig von ehe- und erbrechtlichen Massnahmen

eine entsprechende Botschaft an das Parlament. Der endgültige Entscheid stand zum Zeitpunkt, als dieser Ratgeber erschien, noch aus.

Für den überobligatorischen Teil des Altersguthabens ist der Satz bei den meisten Pensionskassen noch tiefer. Er beträgt teilweise sogar deutlich unter 6 Prozent.

Bei einer Frühpensionierung wird die Rente gekürzt, pro Vorbezugsjahr in der Regel um 5 bis 7 Prozent. Zum einen ist das Altersguthaben geringer, weil die Beiträge und Zinsgutschriften für die Zeit zwischen Früh- und ordentlicher Pensionierung entfallen. Zum anderen wird ein tieferer Umwandlungssatz angewendet, weil die Rente länger ausbezahlt werden muss. Die Pensionskassen haben einen gewissen Spielraum, wie stark sie den Umwandlungssatz bei einer Frühpensionierung kürzen dürfen.

Der gesetzliche Renten-Umwandlungssatz sinkt

Ordentliche Pensionierung im Jahr	Umwandlungssatz nach aktuell geltendem Recht		Umwandlungssatz nach Vorschlag Bundesrat	
	Männer	Frauen	Männer	Frauen
2007	7,10%	7,15%	7,10%	7,15%
2008	7,05%	7,10%	6,90%	6,90%
2009	7,05%	7,00%	6,75%	– [1]
2010	7,00%	6,95%	6,55%	6,65%
2011	6,95%	6,90%	6,40%	6,40%
2012	6,90%	6,85%	– [2]	– [2]
2013	6,85%	6,80%	– [2]	– [2]
ab 2014	6,80%	6,80%	– [2]	– [2]

1 Annahme: Anhebung des ordentlichen Rentenalters der Frauen auf 65 Jahre im Rahmen der 11. AHV-Revision, daher kein Anpassungsschritt.
2 Wird anlässlich einer erneuten Überprüfung der Umwandlungssätze festgelegt.

Beim Kapitalbezug hängt die Höhe des Einkommens nach der Pensionierung davon ab, wie das Geld angelegt wird und über welchen Zeitraum das Einkommen zur Verfügung stehen soll. Im Kapitel «Anlagestrategien» werden verschiedene Möglichkeiten aufgezeigt, wie man das Pensionskassengeld und sein übriges Vermögen anlegen kann, um ein regelmässiges Einkommen sicherzustellen. Der Vergleich auf Seite 27 zeigt, dass bei einem Kapitalbezug unter Umständen ein höheres Einkommen resultiert als beim Rentenbezug.

Sicherheit

Wer sich für die Rente entscheidet, erhält diese bis zum Lebensende. Beim Kapitalbezug hängt die Sicherheit des Einkommens von der Anlagestrategie ab, die man selber festlegt. Wer unerfahren im Umgang mit grösseren Geldbeträgen ist, sollte einen Vermögensverwalter beiziehen, der auf die Einkommenssicherung nach der Pensionierung spezialisiert ist. Sonst besteht die Gefahr, dass das Kapital zu schnell verbraucht ist und man im Alter plötzlich mit leeren Händen dasteht.

Hinterlassenenleistungen

Bei der Rentenlösung erhält der hinterbliebene Ehepartner in der Regel nur 60 Prozent der Altersrente des verstorbenen Partners. Je nach Pensionskasse sind auch höhere bzw. tiefere Renten möglich. Manche Pensionskassen kürzen die überobligatorischen Leistungen, wenn der Alterunterschied zwischen Mann und Frau mehr als 10 Jahre beträgt. Die erwachsenen Kinder und häufig auch die Konkubinatspartnerin bzw. der Konkubinatspartner gehen leer aus. Das nach Abzug der ausbezahlten Renten verbleibende Pensionskassenguthaben verfällt zugunsten der Pensionskasse.
Beim Kapitalbezug lässt sich das verbliebene Kapital nach den im Erbrecht geltenden Regeln vererben. Durch entsprechende Massnahmen kann für den hinterbliebenen Ehe- oder Konkubinatspartner das gewohnte Einkommen über den Tod des anderen hinaus gesichert werden (mehr dazu im Kapitel «Nachlass»).

Teuerungsausgleich

Die Pensionskassen passen die Renten im Rahmen ihrer finanziellen Möglichkeiten der Teuerung an. Gesetzlich besteht allerdings kein Anspruch darauf. Die Teuerung kann die Rente über viele Jahre stark entwerten: Eine Rente von 30'000 Franken ist bei einer durchschnittlichen Inflation von 2 Prozent pro Jahr nach 20 Jahren kaufkraftbereinigt nur noch 20'000 Franken wert. Die Teuerung spielt bei der Einkommensplanung nach der Pensionierung eine wichtige Rolle, beim Kapital- wie beim Rentenbezug.

Steuern

Pensionskassenrenten sind gänzlich als Einkommen zu versteuern. Von der ausbezahlten Rente bleiben nach Abzug der Steuern je nach Wohnort und Höhe des steuerbaren Einkommens netto etwa 60 bis 80 Prozent übrig.
Der Kapitalbezug wird einmalig und getrennt vom übrigen Einkommen besteuert. Die Höhe der Steuerbelastung hängt vom Wohnort, vom Betrag und teils auch vom Alter ab. Die Steuer beträgt in der Regel 5 bis 15 Prozent des ausbezahlten Kapitals. Nach dem Kapitalbezug sind nur noch die Zins- und Dividendenerträge des angelegten Kapitals als Einkommen und das Kapital als Vermögen zu versteuern. Deshalb ist der Kapitalbezug auf Dauer steuerlich vorteilhafter als die Rente. Mit steuerlich privilegierten Anlageformen lässt sich ein regelmässiges Einkommen erzielen, das nur zu rund 30 Prozent steuerbar ist – statt 100 Prozent wie die Rente.

Flexibilität

Die Rente bringt jeden Monat ein bestimmtes Einkommen. Der Kapitalbezug bietet mehr Flexibilität: Man kann die Höhe der Bezüge den eigenen Bedürfnissen anpassen. Auch einmalige grössere Bezüge sind möglich, zum Beispiel um den Kindern beim Kauf eines Eigenheims finanziell unter die Arme zu greifen. Damit das Einkommen auch bei ausserordentlichen Bezügen langfristig gesichert bleibt, bedarf es einer exakten Finanzplanung.

Anmeldefristen für den Kapitalbezug

Wer sich für die Rente entscheidet, braucht dies der Pensionskasse nicht zu melden. Wer hingegen das Kapital beziehen will, muss die Anmeldefrist einhalten, die im Reglement der Pensionskasse steht. Diese Anmeldefrist beträgt häufig sechs bis zwölf Monate, bei manchen Pensionskassen bis drei Jahre.

Vergleich zwischen Kapital- und Rentenbezug

Basis: Pensionskassenkapital 500'000 Fr.

• Pensionskassenkapital	500'000 Fr.	
• Kapitalauszahlungssteuer	–50'000 Fr. [1]	
• Kapital nach Steuern	450'000 Fr.	
• Erwartete Rendite pro Jahr auf Kapitalanlage	4,5% [2]	
• Kapitalverzehr innert	25 Jahren	
Kapitaleinkommen pro Jahr	**29'040 Fr.**	**Vorteil Kapitalbezug: 3'540 Fr.**
• Pensionskassenrente pro Jahr	34'000 Fr. [3]	
• Einkommenssteuern pro Jahr	–8'500 Fr. [4]	
Renteneinkommen pro Jahr	**25'500 Fr.**	

1 Annahme: 10%
2 Nettorendite pro Jahr (nach Steuern)
3 Annahme: Umwandlungssatz 6,8%
4 Annahme: Grenzsteuersatz 25%

Anmerkung: Ohne Berücksichtigung der Vermögenssteuern beim Kapitalbezug (in der Regel vernachlässigbar)

Mischbezug

Sowohl der Kapital- als auch der Rentenbezug haben gewichtige Nachteile. Deshalb wählen immer mehr Personen einen Mittelweg: Sie beziehen den Betrag als Rente, den sie zur Deckung der Lebenshaltungskosten benötigen, und den Rest in Kapitalform zur freien Verfügung.

Kapitel 3

Soll ich die Hypothek zurückzahlen?

Soll ich die Hypothek zurückzahlen?

Viele Liegenschaftsbesitzer möchten ihren Ruhestand schuldenfrei geniessen. Folglich reduzieren sie ihre Hypothek mit den Vorsorgegeldern aus der zweiten und dritten Säule, die bei der Pensionierung frei werden. Doch ist das wirklich sinnvoll? Es kann sich lohnen, zumindest einen Teil der Hypothek stehen zu lassen.

Tiefe Hypothek hat steuerliche Nachteile

Die Reduktion der Hypothek mindert zwar die Wohnkosten. Andererseits steigen die Einkommenssteuern, da man weniger Hypothekarzinsen vom steuerbaren Einkommen abziehen kann und der Eigenmietwert, den Eigenheimbesitzer als fiktives Einkommen versteuern müssen, unverändert bleibt. Aus steuerlicher Sicht sollte die Hypothek deshalb höchstens so weit abbezahlt werden, dass die Hypothekarzinsen zusammen mit dem Abzug für die Unterhaltskosten der Liegenschaft nicht tiefer sind als der Eigenmietwert.

Mit Alternativanlage vergleichen

Unabhängig von der steuerlichen Situation sollte man prüfen, ob es aus finanzieller Sicht besser ist, das verfügbare Kapital anzulegen, statt es für die Amortisation der Hypothek zu verwenden. Das lohnt sich dann, wenn die Nettorendite der Geldanlage höher ist als der nach Abzug der Steuerersparnis zu bezahlende Hypothekarzins. Schuldzinsen sind grundsätzlich umso attraktiver, je höher das steuerbare Einkommen und damit der persönliche Grenzsteuersatz ist. Ein Beispiel: Bei einem Grenzsteuersatz von 30 Prozent reduzieren sich die Kosten einer Hypothek, für die man der Bank 4,5 Prozent Zins bezahlen muss, dank dem Steuerabzug auf netto 3,15 Prozent. Eine Alternativanlage muss also nach Steuern und Gebühren mehr als 3,15 Prozent rentieren, damit es sich lohnt, auf die Amortisation der Hypothek zu verzichten. Bei einem Sparkonto geht diese Rechnung nicht auf, denn der ohnehin meist mickrige Zinsertrag muss auch noch als Einkommen versteuert werden. Ein ausgewogenes Wertschriftenportfolio mit je 50 Prozent Aktien- und Obligationenanteil hingegen rentiert langfristig netto mit etwa 4,5 Prozent pro Jahr. Bei einem reinen Aktienportfolio darf man für einen Anlagehorizont von mindestens 10 Jahren sogar mit einer durchschnittlichen Nettorendite von etwa 8 Prozent pro Jahr rechnen.

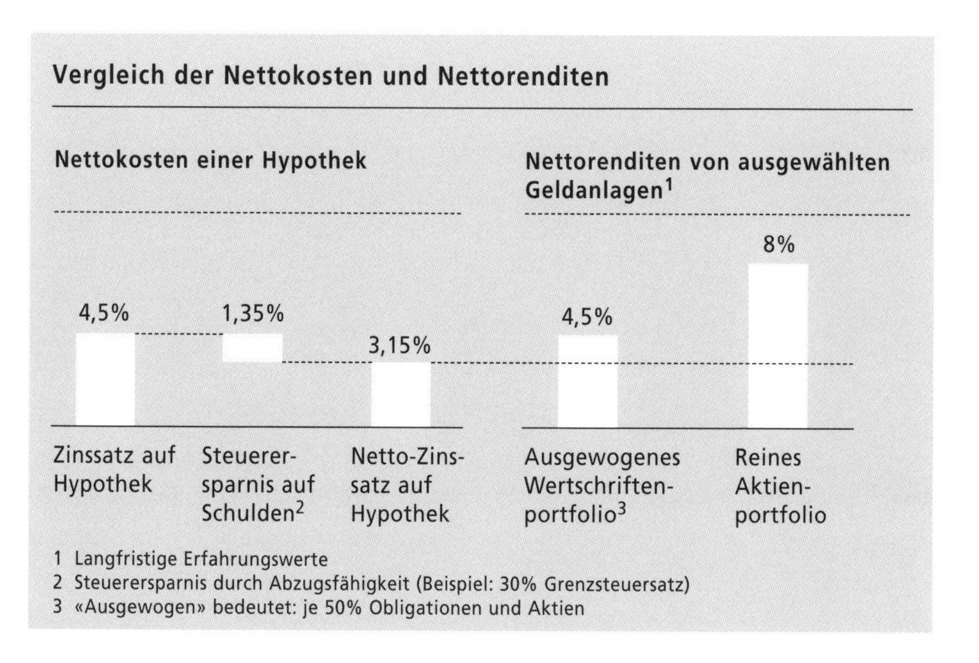

1 Langfristige Erfahrungswerte
2 Steuerersparnis durch Abzugsfähigkeit (Beispiel: 30% Grenzsteuersatz)
3 «Ausgewogen» bedeutet: je 50% Obligationen und Aktien

Zwei Dinge muss man bei diesen Überlegungen jedoch berücksichtigen: Je höher die Rendite ist, die eine Geldanlage verspricht, desto höher sind auch die Risiken. Die Kurse von Aktien beispielsweise können kurzfristig sehr stark schwanken. Ausserdem fällt ein Grossteil der Erträge der Geldanlagen erst bei einem Verkauf in Form von Kursgewinnen an. Die Hypothekarzinsen hingegen müssen regelmässig beglichen werden, in der Regel quartalsweise. Wer die Anlagevariante wählt, muss die fälligen Hypothekarzinsen also auch ohne die Wertschriftenerträge bezahlen können.

Amortisieren oder nicht: Fallbeispiel

Auf der Eigentumswohnung eines Ehepaars lastet noch eine Hypothek von 300'000 Franken zu 4 Prozent. Mit der Pensionierung kommt eine Lebensversicherung über 200'000 Franken zur Auszahlung. Reduziert das Ehepaar mit diesem Geld die Hypothek, würde die jährliche Hypothekarzinsbelastung zwar von 12'000 Franken auf 4'000 Franken sinken. Aufgrund der geringeren Hypothekarzinsen müsste das Ehepaar allerdings 2'000 Franken mehr Einkommenssteuern zahlen.

Vergleichsrechnung: Hypothek amortisieren oder stehen lassen?

Ausgangslage: Bestehende Hypothek 300'000 Fr., möglicher Amortisationsbetrag 200'000 Fr.

	Hypothek amortisieren	**Hypothek stehen lassen**
Höhe der Hypothek	100'000 Fr.	300'000 Fr.
Kostenrechnung:		
Hypothekarzinsen (4%)	4'000 Fr.	12'000 Fr.
Steuerersparnis[1]	–1'000 Fr.	–3'000 Fr.
Ertrag aus Geldanlage	–	–8'000 Fr.[2]
Nettokosten pro Jahr	**3'000 Fr.**	**1'000 Fr.**

1 Angenommener Grenzsteuersatz: 25%
2 Annahme: 4% Nettoertrag pro Jahr auf 200'000 Fr.

Lassen die Eheleute die Hypothek stehen und investieren die 200'000 Franken in Obligationen und Aktien, brächte ihnen das langfristig etwa 4 Prozent bzw. 8'000 Franken Nettoertrag pro Jahr. Zudem könnten sie weiterhin 12'000 Franken Hypothekarzinsen vom steuerbaren Einkommen abziehen. Unter dem Strich wäre es also besser, das Geld aus der Lebensversicherung anzulegen. So würde die Wohnung jedes Jahr 2'000 Franken weniger kosten als bei einer Amortisation der Hypothek.

Flexibilität

Wer die Hypothek reduziert, schränkt möglicherweise seinen Handlungsspielraum ein. Denn es ist schwierig, nach der Pensionierung wieder eine Hypothek aufzunehmen oder eine bestehende aufzustocken, sei es um eine längere Reise zu finanzieren oder den Kindern einen Erbvorbezug zu gewähren. Oft sind die Hypothekarzinsen aufgrund des tieferen Einkommens nach der Pensionierung nicht tragbar, weshalb die Bank eine Wiedererhöhung der Hypothek ablehnt. Die Hypothek gilt als finanziell tragbar, wenn die laufenden Kosten (Hypothekarzinsen, Nebenkosten, Amortisationen) nicht mehr als einen Drittel des Einkommens ausmachen.

Wohnkosten senken

Die Wohnkosten nach der Pensionierung lassen sich nicht nur durch eine Reduktion der Hypothek senken. Oft erhält man eine günstigere Hypothek, wenn der Bank zusätzliche Sicherheiten wie ein Wertschriftendepot oder andere Vermögenswerte verpfändet werden. Bis vor wenigen Jahren konnte man auch mit dem Vergleichen von Bankofferten viel Geld sparen. Heute bringt das höchstens minimale Kostenvorteile. Um viel Geld geht es jedoch bei einer anderen Frage, nämlich bei der Hypothekarstrategie. Mit der richtigen Strategie konnte man in den letzten Jahren Zehntausende Franken sparen. Wer zum Beispiel zwischen 1996 und 2006 konsequent auf Festhypotheken mit einer Laufzeit von sechs Monten setzte, zahlte für eine Hypothek von 400'000 Franken in zehn Jahren insgesamt 110'660 Franken Zinsen. Mit zwei aufeinander folgenden 5-Jahres-Festhypotheken waren die Zinskosten in der gleichen Periode um 87'500 Franken höher.

In der Regel sinken die Wohnkosten auch mit einem Umzug vom Einfamilienhaus in eine Eigentumswohnung beträchtlich. Immer mehr Pensionierte ziehen diesen Wechsel in Betracht, nicht zuletzt im Hinblick auf altersbedingte, körperliche Einschränkungen.

Tipp! *Mehr zum Thema «Hypothekarzinsen optimieren» finden Sie im VZ-Ratgeber «Hypotheken», der im Anhang dieses Buches näher beschrieben ist. Die aktuellen Hypothekarzinsen von über 40 Kreditinstituten finden Sie im Internet unter www.vzonline.ch.*

Kapitel 4

Kann ich bei der Pensionierung Steuern sparen?

Kann ich bei der Pensionierung Steuern sparen?

Die meisten erwarten, dass ihre Steuerrechnung nach der Pensionierung erheblich sinkt. Das ist aber ein Irrtum. Die Renteneinkünfte aus AHV und Pensionskasse sind zwar tiefer als das Erwerbseinkommen. Andererseits kann man zum Beispiel keine Berufsauslagen mehr abziehen, und auch der Abzug für die dritte Säule entfällt nach Aufgabe der Erwerbstätigkeit. Beim Bezug von Vorsorgeguthaben aus der zweiten Säule und der Säule 3a wird zudem eine Kapitalauszahlungssteuer fällig. Mit einer geschickten Steuerplanung können Pensionierte und angehende Pensionierte aber Tausende von Franken sparen.

Einkommenssteuern

Die Kantone und der Bund haben je ein eigenes Steuergesetz. Dadurch variieren nicht nur die Abzugsmöglichkeiten von Kanton zu Kanton sehr stark, sondern auch die Steuertarife. Für ein steuerbares Einkommen von 50'000 Franken zahlt ein Ehepaar in Bern 8'620 Franken Einkommenssteuern, in Liestal hingegen 3'000 Franken. Je höher das steuerbare Einkommen ist, desto grösser sind die Unterschiede. Für ein steuerbares Einkommen von 150'000 Franken zahlt man in Neuenburg über 42'000 Franken Steuern, in Zug vergleichsweise bescheidene 22'780 Franken. Auch innerhalb eines Kantons können die Steuerunterschiede von Gemeinde zu Gemeinde erheblich sein. Der Unterschied zwischen der Stadt Bern und der nahe gelegenen Gemeinde Muri beträgt bei einem steuerbaren Einkommen von 150'000 Franken fast 4'000 Franken.

Bei den Einkommenssteuern und auch bei den meisten anderen Steuerarten sind die Steuertarife progressiv ausgestaltet. Das bedeutet, dass die prozentuale Steuerbelastung mit steigendem Einkommen zunimmt. In St. Gallen zum

Einkommenssteuern im Vergleich

Ausgangslage: Ehepaar, reformiert; Steuerbeträge in Fr. für Bund, Kanton, Gemeinde und Kirche. Unterschiedliche Abzugsmöglichkeiten können je nach Kanton zu verschieden hohen steuerbaren Einkommen führen.

		Steuerbares Einkommen 50'000 Fr.	Steuerbares Einkommen 150'000 Fr.
Liestal	BL	3'000	32'920
Zug	ZG	3'440	22'780
Aarau	AG	3'460	30'480
Bellinzona	TI	3'530	33'780
Stans	NW	3'740	27'680
Appenzell	AI	3'780	26'640
Zürich	ZH	3'880	28'930
Chur	GR	4'020	33'610
Frauenfeld	TG	4'320	32'270
Sitten	VS	4'720	33'850
Schaffhausen	SH	4'830	32'170
Schwyz	SZ	4'960	26'750
Glarus	GL	4'960	34'290
Herisau	AR	5'150	32'690
Luzern	LU	5'210	33'220
Solothurn	SO	5'240	35'270
St. Gallen	SG	5'300	36'870
Genf	GE	5'340	41'430
Freiburg	FR	6'010	37'010
Altdorf	UR	6'060	34'510
Basel	BS	6'330	38'910
Neuenburg	NE	6'370	42'600
Sarnen	OW	6'490	30'520
Delsberg	JU	6'760	39'470
Lausanne	VD	6'990	36'380
Bern	BE	8'620	39'660

Quelle: Steuerberechnungsprogramm TaxWare

Beispiel beträgt die Einkommenssteuer bei einem steuerbaren Einkommen von 50'000 Franken 10,6 Prozent. Bei 150'000 Franken Einkommen sind es 24,6 Prozent.
Die Progression auf dem letzten Franken Einkommen drückt der Grenzsteuersatz aus. Beträgt der Grenzsteuersatz 35 Prozent, gehen von jedem zusätzlich verdienten Franken 35 Rappen an den Fiskus. Für jeden Franken, den man in seiner Steuererklärung zusätzlich vom Einkommen abziehen kann, spart man umgekehrt 35 Rappen Steuern. Bei hohen Einkommen beträgt der Grenzsteuersatz je nach Wohnort mehr als 40 Prozent. Je höher der Grenzsteuersatz ist, umso stärker lohnt es sich, nach Möglichkeiten zu suchen, wie sich das steuerbare Einkommen reduzieren lässt.

Vermögens-
steuern

Die Vermögenssteuer ist im Vergleich zu den Einkommenssteuern in der Regel bescheiden. Für ein steuerbares Vermögen von 500'000 Franken zahlt man in Zürich 630 Franken Steuern im Jahr. Bei grossen Vermögen gewinnt die Vermögenssteuer jedoch an Bedeutung. Bei 2,5 Mio. Franken steuerbarem Vermögen sind in Zürich rund 9'200 Franken fällig, in Liestal und Genf über 20'000 Franken. Es gibt Kantone und Gemeinden, die das Einkommen verhältnismässig gering besteuern, dafür das Vermögen umso stärker.

Steuern auf
Vorsorge-
bezügen

Einkommen, das man während der Erwerbsphase in die Pensionskasse oder die Säule 3a einbezahlt, muss man nicht versteuern. Doch aufgeschoben ist nicht aufgehoben: Beim Bezug dieser Guthaben bittet der Fiskus zur Kasse. Renten sind als Einkommen zu versteuern. Kapitalbezüge werden separat vom übrigen Einkommen und zu einem niedrigeren Satz besteuert. Bei einem Pensionskassenbezug von 500'000 Franken beträgt die Kapitalauszahlungssteuer für einen in Liestal Steuerpflichtigen knapp 28'000 Franken, für einen in Freiburg Wohnenden über 62'000 Franken.

Vermögenssteuern im Vergleich

Ausgangslage: Ehepaar, reformiert; Steuerbeträge in Fr. für Kanton, Gemeinde und Kirche (der Bund erhebt keine Vermögenssteuern). Die Beträge gelten für ein steuerbares Vermögen. Die kantonal unterschiedlichen Steuerfreibeträge wurden also nicht berücksichtigt, ebenso wenig andere kantonale Besonderheiten.

		Steuerbares Vermögen 500'000 Fr.	Steuerbares Vermögen 2'500'000 Fr.
Zürich	ZH	630	9'200
Zug	ZG	860	8'640
Stans	NW	990	4'730
Schwyz	SZ	1'030	5'150
Sarnen	OW	1'300	6'520
Appenzell	AI	1'470	7'350
Frauenfeld	TG	1'640	11'920
Chur	GR	1'770	12'010
Altdorf	UR	1'770	13'410
Bellinzona	TI	1'790	13'960
Delsberg	JU	1'860	13'240
Glarus	GL	1'940	9'680
Bern	BE	2'000	15'800
Aarau	AG	2'130	13'570
Schaffhausen	SH	2'330	15'950
Herisau	AR	2'370	12'150
Sitten	VS	2'400	16'380
Basel	BS	2'470	18'860
Luzern	LU	2'600	13'930
Genf	GE	2'610	20'570
Solothurn	SO	2'620	14'770
Lausanne	VD	2'670	18'490
Neuenberug	NE	2'820	18'630
St. Gallen	SG	2'840	14'200
Freiburg	FR	2'890	18'040
Liestal	BL	3'260	20'460

Quelle: Steuerberechnungsprogramm TaxWare

Kapitalauszahlungssteuern im Vergleich

Ausgangslage: Ehepaar, reformiert; Steuerbeträge in Fr. für Bund, Kanton, Gemeinde und Kirche; Kapitalbezug aus der Pensionskasse mit Alter 65.

		Kapitalauszahlung 500'000 Fr.	Kapitalauszahlung 1'000'000 Fr.
Liestal	BL	27'920	74'880
Bellinzona	TI	30'370	89'740
Zug	ZG	33'470	70'910
Chur	GR	34'170	126'360
Altdorf	UR	34'170	71'500
Schaffhausen	SH	34'290	72'060
Appenzell	AI	36'810	75'270
Sarnen	OW	38'630	73'310
Schwyz	SZ	39'860	105'400
Frauenfeld	TG	40'470	123'200
Delsberg	JU	41'860	86'890
Stans	NW	42'660	87'200
Genf	GE	42'680	91'330
Glarus	GL	42'920	117'170
Solothurn	SO	43'410	89'830
Herisau	AR	46'280	129'260
Zürich	ZH	46'490	142'020
St. Gallen	SG	46'550	124'660
Luzern	LU	47'060	95'770
Bern	BE	47'260	114'080
Neuenburg	NE	48'190	98'040
Basel	BS	50'360	105'890
Sitten	VS	53'200	110'200
Aarau	AG	56'940	123'490
Lausanne	VD	58'340	131'250
Freiburg	FR	62'250	132'750

Quelle: Steuerberechnungsprogramm TaxWare

Möglichkeiten zur Steueroptimierung

Eine bevorstehende Pensionierung ist ein guter Zeitpunkt, sich Gedanken über einen möglichen Wohnortswechsel zu machen. Dadurch lassen sich nicht nur die Einkommens- und Vermögenssteuern optimieren. Auch beim Bezug von Vorsorgegeldern kann man einige tausend Franken sparen. Entgegen der landläufigen Meinung genügt es aber nicht, in einer steuergünstigen Gemeinde eine Zweitwohnung zu kaufen oder zu mieten und diese dann zum offiziellen Wohnort zu erklären. Für die Steuerbehörde ist entscheidend, wo sich der Lebensmittelpunkt befindet. Konkret also dort, wo man die meiste private Zeit verbringt, wo man sein Eigenheim, seine Familie und Freunde hat und in Vereinen aktiv ist.

Trotz grosser Sparmöglichkeiten: Allein wegen der Steuern ziehen die wenigsten um. Zudem sind an steuergünstigen Orten häufig die Immobilienpreise, Mieten und übrigen Lebenshaltungskosten höher. Wer Steuern sparen möchte, muss nicht unbedingt umziehen. Es gibt auch andere Möglichkeiten.

Steuern sparen bei Kapitalbezügen

Für die Berechnung der Auszahlungssteuern bei Kapitalbezügen aus der zweiten Säule und der Säule 3a zählen die Steuerbehörden in den meisten Kantonen alle Bezüge eines Jahres zusammen, in der Regel auch die des Ehepartners. Je höher die Bezüge sind, die in ein einziges Jahr fallen, desto höher ist auch die prozentuale Steuerbelastung. Nach Möglichkeit verteilt man die Bezüge also besser auf mehrere Steuerperioden.

Zeit für die Staffelung besteht genug. Das Säule-3a-Kapital darf man sich bis zu fünf Jahre vor dem regulären AHV-Alter auszahlen lassen. Das Gleiche gilt für Freizügigkeitskonten oder -policen. Andererseits lässt sich der Bezug von Freizügigkeitsguthaben bis 70 (Männer) bzw. 69 (Frauen) aufschieben, falls das Reglement der Freizügigkeitsstiftung diese

Möglichkeit vorsieht. Das Pensionskassenguthaben wird hingegen mit der Pensionierung fällig. Vorzeitige Bezüge sind unter anderem möglich für den Kauf eines Eigenheims oder für die Amortisation der Hypothek auf dem Eigenheim, allerdings häufig nur bis spätestens drei Jahre vor dem frühestmöglichen Pensionsalter der Pensionskasse.

Tipp!

Ein Säule-3a- bzw. ein Freizügigkeitskonto können Sie nicht in Raten auflösen, Sie müssen immer das gesamte Guthaben beziehen. Damit Sie das Kapital später gestaffelt beziehen können, sollten Sie Ihre Einzahlungen in die dritte Säule auf mindestens zwei verschiedene Konten verteilen.
Falls Sie sich vor dem frühestmöglichen Pensionsalter Ihrer Pensionskasse aus dem Erwerbsleben zurückziehen oder entlassen werden, können Sie sich das Pensionskassengeld auf zwei verschiedene Freizügigkeitskonten überweisen lassen. Die beiden Guthaben können Sie dann gestaffelt beziehen.

Sparpotenzial bei gestaffelten Kapitalbezügen

Das folgende Beispiel zeigt, wie gross das Sparpotenzial durch gestaffelte Kapitalbezüge ist: Ein Ehepaar in Zürich verfügt über Pensionskassen- und Säule-3a-Guthaben von insgesamt

Steuereinsparung dank Staffelung der Auszahlungen

Beispiel: Ehepaar, Wohnort Zürich, reformiert

Bezug	Jahr	Alter	Kapital	Kapitalbetrag	Steuerbetrag	
einmalig	2009	64		1'000'000		142'020
gestaffelt	2007	62	Säule 3a Frau	50'000	2'380	
	2008	63	PK-Kapital Frau	300'000	19'390	
	2009	64	PK-Kapital Mann	600'000	63'820	
	2010	65	Säule 3a Mann	50'000	2'380	87'970
Steuereinsparung durch Staffelung						**54'050**

1 Mio. Franken. Gehen beide Eheleute im gleichen Jahr – zum Beispiel mit 64 Jahren – in Pension und beziehen sie ihre zwei 3a-Guthaben auch erst dann, zahlen sie insgesamt 142'020 Franken Steuern. Verteilt das Ehepaar seine Bezüge über mehrere Jahre, fallen 87'970 Franken Steuern an. Die Steuerersparnis beträgt in diesem Beispiel über 54'000 Franken.

Steuern sparen bei Wertschriften

Auch bei Geldanlagen besteht ein beträchtliches Steuersparpotenzial. Zinserträge, zum Beispiel auf Bankkonten oder Obligationen, sind steuerpflichtig wie jedes andere Einkommen. Dasselbe gilt für Dividenden aus Aktien. Kapitalgewinne, also die Differenz zwischen Kauf- und Verkaufspreis von Wertpapieren, sind in der Regel steuerfrei.
Steuern können die Nettorendite einer Geldanlage erheblich vermindern. Es kann sich deshalb lohnen, sich für steuergünstige Anlageformen zu entscheiden. Dazu gehören zum Beispiel Aktien, weil hier der Grossteil der Erträge in Form von steuerfreien Kursgewinnen anfällt. Steuerfrei sind auch die Erträge aus Lebensversicherungen mit Einmalprämie, sofern die Police vor dem 66. Geburtstag abgeschlossen wurde und sie frühestens mit Alter 60 zur Rückzahlung fällig wird. Zudem muss die Laufzeit mindestens 5 Jahre betragen, bei fondsgebundenen Einmaleinlagen mindestens 10 Jahre.
Auch bei Obligationen lassen sich Steuern sparen, zum Beispiel indem man sie vor dem Zinstermin verkauft. Dadurch bleibt der aufgelaufene Marchzins (Pro-rata-Zins) steuerfrei. Aber aufgepasst: Wer systematisch über mehrere Jahre hinweg Obligationen kurz vor dem Zinstermin verkauft, muss damit rechnen, dass ihm die Steuerbehörde eine Steuerumgehung unterstellt und den Zinsertrag trotzdem besteuert. Steuerlich interessant sind auch Tiefzins-Obligationen, bei denen ein Teil der Kapitalerträge in Form von steuerfreien Kursgewinnen erwirtschaftet wird.

Steuern sparen mit der Pensionskasse und Säule 3a

Bis zur Pensionierung sind freiwillige Einzahlungen in die Pensionskasse und in die Säule 3a eine lukrative Möglichkeit, um Steuern zu sparen, denn diese Beiträge darf man vom steuerbaren Einkommen abziehen. Zudem wird für diese Guthaben keine Vermögenssteuer fällig, und die Zinserträge müssen nicht als Einkommen versteuert werden.
Erwerbstätige, die Pensionskassenbeiträge zahlen, dürfen höchstens 6'365 Franken im Jahr in die Säule 3a einzahlen. Für Angestellte und Selbstständige ohne Pensionskasse beträgt die Limite 20 Prozent ihres massgebenden Einkommens, jedoch höchstens 31'824 Franken. Beide Limiten werden periodisch neu festgelegt. Die angegebenen Beträge gelten für das Jahr 2007.
Auch freiwillige Einkäufe in die Pensionskasse sind betraglich limitiert. Voraussetzung dazu ist, dass eine Beitragslücke in entsprechender Höhe besteht. Erkundigen Sie sich bei Ihrer Pensionskasse, wie hoch der Betrag ist, den Sie persönlich einzahlen dürfen.
Seit Anfang 2006 gelten neue Einkaufsvorschriften. Beispielsweise können die voraussichtlichen Leistungskürzungen im Falle einer Frühpensionierung mit einem Einkauf kompensiert werden, falls die Pensionskasse diese Möglichkeit anbietet. Allerdings wurden auch neue Beschränkungen eingeführt. Eingekaufte Leistungen dürfen erst drei Jahre danach wieder in Kapitalform bezogen werden. Bei einem Rentenbezug besteht keine Sperrfrist. Nach einem Bezug von Pensionskassengeld für Wohneigentum sind Einkäufe erst wieder möglich, wenn der Pensionskasse das vorbezogene Geld zurückgezahlt wurde.

Tipp!

Wer einen grösseren Betrag freiwillig an die Pensionskasse überweisen möchte, sollte den Betrag über mehrere Jahre gestaffelt einzahlen. Die Steuerersparnis ist in der Regel höher als bei einer einmaligen Zahlung.

Steuern sparen bei Liegenschaften

Der Einfluss der Hypothekarzinsen und des Eigenmietwerts auf das steuerbare Einkommen wurde bereits im Kapitel «Liegenschaften» beschrieben. Auch die Kosten für den Unterhalt der Liegenschaft sind steuerlich abzugsfähig. Das gilt aber nur für werterhaltende Auslagen, zum Beispiel für die Sanierung des Dachs. Wertvermehrende Investitionen, wie den Anbau eines Wintergartens, darf man nicht abziehen.
Sind die Kinder ausgeflogen, wird oft ein Teil des Hauses nicht mehr genutzt. In einigen Kantonen und beim Bund darf man in diesem Fall einen Unternutzungsabzug vom Eigenmietwert beantragen. Die Bedingungen für einen solchen Abzug sind allerdings nicht leicht zu erfüllen. In der Regel darf man diese Räume weder als Gäste- noch als Bastel- oder Bügelzimmer nutzen, in einigen Kantonen muss man auch die Möbel entfernen.

Tipp!

In den meisten Kantonen können Sie jedes Jahr entscheiden, ob Sie die effektiven Unterhaltskosten abziehen oder den Pauschalabzug geltend machen möchten. Konzentrieren Sie kleinere Unterhaltsarbeiten nach Möglichkeit auf das gleiche Kalenderjahr, damit Sie in den übrigen Jahren vom Pauschalabzug profitieren können. Grössere Arbeiten hingegen verteilen Sie aus Gründen der Steuerprogression besser über mehrere Jahre.

AHV
Pensionskasse
Liegenschaften
Steuern
Nachlass
Auswandern
Frühpensionierung
Budget
Vermögen
Anlagestrategien
Planungshilfen

Kapitel 5

Wie kann ich meinen Nachlass regeln?

Wie kann ich meinen Nachlass regeln?

Die Pensionierung vorbereiten heisst auch, seine Erbschaftsangelegenheiten zu regeln und seine Nächsten abzusichern – allen voran die Partnerin oder den Partner. Wer sich rechtzeitig darum kümmert, kann weitgehend sicherstellen, dass sein Vermögen auch wirklich so weitergegeben wird, wie er es sich wünscht. Zudem verhindern solche Vorkehrungen Streit unter den Erben und helfen, die Erbschaftssteuern für die Hinterbliebenen zu reduzieren.

Die gesetzliche Erbfolge

Viele sterben, ohne Anweisungen zu hinterlassen, wer ihr Vermögen erhalten soll. In diesem Fall gilt die gesetzliche Erbfolge. Sie richtet sich nach dem Verwandtschaftsgrad und nicht danach, wie nahe jemand der verstorbenen Person stand. Der überlebende Ehepartner und die Kinder sind die Haupterben. Andere Verwandte kommen erst in zweiter Linie zum Zug.

Das Gesetz regelt auch, welcher Anteil den einzelnen Erben zusteht. Je nach Familienkonstellation ergibt sich eine andere Aufteilung. Hinterlässt die verstorbene Person einen Ehepartner und Kinder, erhält der Ehepartner die Hälfte des Nachlassvermögens. Die andere Hälfte geht zu gleichen Teilen an die Kinder. Wichtig: Falls eines der Kinder nicht mehr lebt, kommen seine Nachkommen zum Zug, noch vor den Eltern, Geschwistern oder anderen Verwandten des Verstorbenen. Bei allein Stehenden ohne Nachkommen, also ohne Kinder, Enkel, Ur-Enkel usw., erben die Eltern alles. Leben auch die Eltern nicht mehr, erben die Geschwister.

Pflichtteile und freie Quote

Wer mit der gesetzlichen Aufteilung seines Nachlassvermögens nicht einverstanden ist, kann diese mit einem Testament abändern. Damit ein Testament gültig ist, muss es inhaltliche und formelle Vorgaben erfüllen. So kann man

Gesetzliche Erbteile, Pflichtteile und freie Quoten

	Erbteile	Pflichtteile
Ehegatte + Kinder	Ehegatte 1/2, Nachkommen[1] 1/2	Ehegatte 1/4, Nachkommen[1] 3/8, Freie Quote 3/8
Nur Kinder	Nachkommen[1] 1/1	Nachkommen[1] 3/4, Freie Quote 1/4
Ehegatte + Eltern	Eltern[2] 1/4, Ehegatte 3/4	Eltern[2] 1/8, Ehegatte 3/8, Freie Quote 1/2
Ehegatte + Geschwister	Geschwister[2] 1/4, Ehegatte 3/4	Ehegatte 3/8, Freie Quote 5/8
Nur Geschwister	Geschwister[2] 1/1	Freie Quote 1/1

1 Kinder zu gleichen Teilen; anstelle der verstorbenen Kinder die Enkel, gegebenenfalls die Urenkel
2 Zu gleichen Teilen

nicht einfach jemanden übergehen, der Anspruch auf einen Pflichtteil hat. Pflichtteile sind die gesetzlich vorgeschriebenen Mindestanteile für den Ehepartner und die Kinder des Verstorbenen bzw. deren Nachkommen. Hinterlässt der Verstorbene keine direkten Nachkommen, haben auch seine Eltern Anrecht auf einen Pflichtteil. Die Pflichtteile des

Ehegatten und der Eltern betragen die Hälfte des Anteils, der ihnen gemäss gesetzlicher Erbfolge zusteht. Der Pflichtteil der Nachkommen hingegen beträgt drei Viertel ihres gesetzlichen Erbanspruchs. Pflichtteilgeschützte Erben kann man nur enterben, wenn sie ihre familienrechtlichen Pflichten gegenüber dem Verstorbenen oder seinen Angehörigen verletzt oder eine schwere Straftat gegen den Verstorbenen oder eine ihr nahe stehende Person begangen haben. Alles, was nicht durch Pflichtteile gesetzlich gebunden ist, fällt in die so genannte freie Quote. Mit der freien Quote kann man begünstigen, wen man möchte.

Tipp!

Mit dem Erbschaftsrechner unter www.vzonline.ch können Sie berechnen, wie Ihr Vermögen nach der gesetzlichen Erbfolge aufgeteilt würde. Geben Sie dort einen fiktiven oder tatsächlichen Betrag und Ihre potenziellen Erben ein. Der Erbschaftsrechner zeigt Ihnen auch, wie hoch die Pflichtteile und die freie Quote sind.

Testament oder Erbvertrag?

Anstelle eines Testaments lässt sich auch ein Erbvertrag aufsetzen. Das Testament hat den Vorteil, dass der Verfasser es jederzeit wieder ändern kann. Wer dagegen einen Erbvertrag abändern oder aufheben möchte, benötigt dazu das Einverständnis der anderen Partei. Zudem muss ein Erbvertrag öffentlich beurkundet werden. Ein Erbvertrag macht vor allem dann Sinn, wenn sich zwei Personen (zum Beispiel Ehegatten) unwiderruflich begünstigen wollen. Soll jemand auf seinen Pflichtteil verzichten, ist ein Erbvertrag die einzige Möglichkeit, um sicherzustellen, dass er bei der Erbteilung keine Ansprüche mehr geltend machen kann.

Was gehört zum Nachlassvermögen?

Die Erbquoten und Pflichtteile beziehen sich nur auf das Nachlassvermögen. Nicht zum Nachlassvermögen gehören Guthaben der steuerprivilegierten Altersvorsorge. Das gilt für

Guthaben, die in der Pensionskasse, der Säule 3a und in Lebensversicherungen stecken. Diese Guthaben werden nach speziellen Begünstigungsklauseln unter den Hinterbliebenen aufgeteilt.

Hinterlässt der Verstorbene einen Ehepartner, wird das gesamte Vermögen in der güterrechtlichen Auseinandersetzung in die Bestandteile aufgeteilt, die dem verstorbenen, dem überlebenden und beiden Ehepartnern gemeinsam gehören. Zum Nachlassvermögen, das in einem zweiten Schritt unter den Erben aufgeteilt wird, gehören nur das Eigengut des Verstorbenen und sein Anteil am gemeinsamen Vermögen. Was welchem Ehegatten gehört, hängt vom Güterstand ab, den die Eheleute gewählt hatten.

Nachlass bei Errungenschafts-beteiligung

Für alle Ehepaare, die nichts anderes festgelegt haben, gilt die Errungenschaftsbeteiligung. Bei diesem Güterstand werden die Vermögenswerte der Ehegatten in Errungenschaft und Eigengut aufgeteilt. Das Eigengut umfasst alle Vermögenswerte, die ein Ehegatte in die Ehe eingebracht bzw. während der Ehe geerbt oder geschenkt bekommen hat, sowie den Wertzuwachs auf diesem Eigengut.

Was das Paar während seiner Ehe gemeinsam erwirtschaftet hat, bildet das Errungenschaftsvermögen und gehört beiden Ehepartnern zu gleichen Teilen. Dazu zählen die Ersparnisse, die sie mit ihrem Arbeitseinkommen bilden, ebenso wie Erträge auf dem Vermögen, das zu ihrem Eigengut gehört. Das Nachlassvermögen eines Ehegatten besteht aus seinem Eigengut und der Hälfte des Errungenschaftsvermögens.

Tipp!

Je länger ein Paar zusammen lebt, desto schwieriger wird die Unterscheidung zwischen Eigengut und Errungenschaft. Wer Wert auf eine korrekte güterrechtliche Auseinandersetzung legt, sollte deshalb darauf achten, dass Eigengut und Errungenschaft so strikt wie möglich getrennt bleiben.

AHV
Pensions-kasse
Liegen-schaften
Steuern
Nachlass
Aus-wandern
Früh-pensio-nierung
Budget
Vermögen
Anlage-strategien
Planungs-hilfen

Berechnung des Nachlassvermögens bei Errungenschaftsbeteiligung

	Gesamtvermögen Herr und Frau Müller	Eigengut Herr Müller	Eigengut Frau Müller	Errungenschaft[2] Herr und Frau Müller
Kontiguthaben	120'000	50'000	50'000	20'000
Wertschriften	420'000	–	200'000	220'000
Liegenschaft	400'000	–	–	400'000
Andere Vermögenswerte[1]	60'000	–	–	60'000
Total Vermögen	**1'000'000**	**50'000**	**250'000**	**700'000**
		1/2 ▼	1/2 ▼	
Anteile aus Errungenschaft[3]		350'000	350'000	
Nachlassvermögen		**400'000**	**600'000**	

1 Zum Beispiel Hausrat
2 Das während der Ehe angesparte Vermögen
3 Die gesamte Errungenschaft wird je zur Hälfte den Ehegatten zugeteilt

Nachlass bei Gütergemeinschaft und Gütertrennung

Paare können bei der Eheschliessung auch die Gütergemeinschaft oder die Gütertrennung wählen oder ihren Güterstand nachträglich wechseln. In einer Gütergemeinschaft legt das Paar sein Eigentum zusammen. Es bildet das so genannte Gesamtgut. Das Eigengut besteht danach nur noch aus den Gegenständen des persönlichen Gebrauchs (Kleider, Schmuck usw.) und Genugtuungs-Ansprüchen eines Ehepartners. In den Nachlass fallen das Eigengut des Verstorbenen und die Hälfte des Gesamtguts.

Paare, die ihre finanzielle Unabhängigkeit wahren möchten oder bei denen ein Ehepartner eine Firma besitzt, wählen als Güterstand häufig die Gütertrennung. Bei der Gütertrennung vermischen sich die Vermögen nicht. Jedem Ehepartner gehört das, was er in die Ehe einbringt, und das, was er während der Ehe erwirbt. Der Nachlass entspricht dem Vermögen des Verstorbenen.

AHV
Pensionskasse
Liegenschaften
Steuern
Nachlass
Auswandern
Frühpensionierung
Budget
Vermögen
Anlagestrategien
Planungshilfen

Den Ehepartner bestmöglich absichern

Viele Ehepaare möchten sich gegenseitig so weit wie möglich begünstigen, damit der überlebende Partner finanziell abgesichert ist. Zwar steht dem Ehepartner auch ohne spezielle Anordnungen die Hälfte des Vermögens des Verstorbenen zu. Das reicht aber unter Umständen nicht aus, um finanzielle Einschränkungen auszuschliessen. Vor allem dann, wenn nach dem Tod eines Ehegatten nur ein bescheidenes Renteneinkommen bleibt oder der Hauptteil des ehelichen Vermögens in einem Eigenheim besteht.

Es gibt eine ganze Reihe von Massnahmen, um seinen Ehepartner über die gesetzliche Norm hinaus zu begünstigen. Ehepaare mit Errungenschaftsbeteiligung können sich mit einem Ehevertrag das gesamte während der Ehe erwirtschaftete Vermögen gegenseitig zusprechen. In den Nachlass fällt dann nur das Eigengut des Verstorbenen. Sind nicht-gemeinsame Nachkommen vorhanden, müssen ihre Pflichtteile gewahrt bleiben. Besteht ein grosser Teil des Vermögens aus dem Eigengut eines Partners, ist der weniger begüterte Partner mit dem Wechsel zu einer Gütergemeinschaft bessergestellt. Im Rahmen eines Testaments oder Erbvertrags kann man zudem die Erben auf ihre Pflichtteile setzen und die freie Quote dem Ehepartner zuweisen. Alternativ kann man dem überlebenden Ehepartner die lebenslängliche Nutzniessung des gesamten Nachlasses zusprechen, solange keine Pflichtteile nicht-gemeinsamer Kinder verletzt werden. Alternativ können die Erben freiwillig auf ihr Erbe verzichten, bis auch der überlebende Ehepartner gestorben ist oder wieder heiratet.

Tipp!

Um sicherzugehen, dass Ihr Testament nicht wegen Formfehlern oder unklaren Formulierungen anfechtbar ist, lassen Sie es am besten von einer Fachperson überprüfen. Besonders wenn es um ein grosses Vermögen geht oder wenn komplexe Familienverhältnisse vorliegen, zum Beispiel mit Kindern aus mehreren

Ehen, ist eine professionelle Nachlassplanung zu empfehlen. Nur wer die Hilfe einer erfahrenen Fachperson in Anspruch nimmt, kann wirklich sicher sein, die bestmögliche Variante für seine persönliche Familien- und Vermögenssituation gewählt zu haben.
Sie können in Ihrem Testament auch einen Willensvollstrecker einsetzen, der Ihre Absichten nach Ihrem Tod durchsetzt und Ihr Erbe bis zum Abschluss der Erbteilung bewirtschaftet. Der Willensvollstrecker ist ein wichtiger Ansprechpartner für Ihre Erben. Er schlichtet Streit unter den Erben und unterstützt sie in einer oft sehr schwierigen Situation.

Erbvorbezüge und Schenkungen

Das private Vermögen ist in der Schweiz vorwiegend bei den über Sechzigjährigen konzentriert. Weil der Kapitalbedarf aber in jener Generation am höchsten ist, die Ausbildungen absolviert, sich selbstständig macht, Familien gründet und Wohneigentum erwirbt, ist es durchaus sinnvoll, einen Teil des Familienvermögens schon zu Lebzeiten an die nächste oder an die übernächste Generation weiterzugeben. Die Schenkenden sollten über eine solide Einkommensplanung verfügen, damit sie mit zu grossen Schenkungen ihre eigene finanzielle Unabhängigkeit nicht gefährden. Ausserdem ist es in der Regel nicht erwünscht, dass einzelne Erben mit einem Erbvorbezug auf Kosten der anderen bevorzugt werden. Einen Ausgleich kann man schon zu Lebzeiten oder bei der Erbteilung schaffen. Gesetzliche Erben müssen Schenkungen und Erbvorbezüge bei der Erbteilung wieder ausgleichen. Der Erblasser kann die Beschenkten in seinem Testament von dieser Ausgleichspflicht befreien, allerdings nur im Rahmen der freien Quote. Die Pflichtteile müssen auch hier gewahrt bleiben.
Ist der Begünstigte kein gesetzlicher Erbe, zum Beispiel ein Nichtverwandter, spricht man nicht von einem Erbvorbezug, sondern von einer Schenkung. Die beschenkte Person muss

die Schenkung nach dem Tod des Schenkers nur dann ausgleichen, wenn sie weniger als fünf Jahre zurückliegt oder wenn der Schenker damit Pflichtteile verletzt hat.

Tipp!

Ein Erbvorbezug oder eine Schenkung kann für böses Blut sorgen, wenn sich Erben benachteiligt fühlen. Ein Darlehen gefährdet den Familienfrieden weniger, vor allem wenn der Empfänger das Darlehen zu marktüblichen Konditionen verzinst. Auch lässt sich ein Darlehen kündigen, falls man das Geld später selber wieder braucht. Ein Erbvorbezug hingegen ist endgültig. Einen Erbvorbezug, eine Schenkung oder ein Darlehen sollte man immer schriftlich regeln, auch unter Verwandten. Festhalten sollte man auch, ob und in welchem Umfang bei der Erbteilung eine Ausgleichungspflicht besteht.

Erbschafts- und Schenkungssteuern

Erbschaften, Erbvorbezüge und Schenkungen unterliegen der Erbschafts- und Schenkungssteuer. Die Steuer wird von dem Kanton erhoben, in dem der Schenkende bzw. der Erblasser im Zeitpunkt der Erbschaft oder Schenkung lebt. Nur Immobilien werden immer an ihrem Standort besteuert.
Die Höhe der Erbschafts- und Schenkungssteuer richtet sich in den meisten Kantonen nach dem Verwandtschaftsgrad. Ausser im Kanton Jura sind die Ehepartner überall von der Steuer befreit. Das gilt in den meisten Kantonen auch für die direkten Nachkommen. Nichtverwandte müssen dagegen nach wie vor sehr hohe Steuern zahlen, wenn sie mit einer Erbschaft oder Schenkung bedacht werden. Bei hohen Beträgen fällt oft ein Viertel oder sogar die Hälfte der Erbschaft an den Staat. Konkubinatspartner werden in manchen Kantonen gegenüber anderen Nichtverwandten bevorzugt behandelt. Voraussetzung ist jedoch meist, dass das Konkubinatspaar seit mindestens fünf oder zehn Jahren im gleichen Haushalt gelebt hat. Einzig der Kanton Schwyz und der Bund verzichten ganz auf Erbschafts- und Schenkungssteuern.

Erbschafts- und Schenkungssteuern im Vergleich

Steuerbeträge für ein Erbe bzw. eine Schenkung von 500'000 Fr. (Steuerfreibeträge berücksichtigt). Wo nicht mittels Fussnote vermerkt, gilt der angegebene Steuerbetrag sowohl für die Erbschafts- als auch die Schenkungssteuer.

Kanton	Ehegatte	Direkte Nachkommen	Konkubinatspartner[1]
AG	steuerfrei	steuerfrei	32'900 Fr.
AI	steuerfrei	6'750 Fr.	99'000 Fr.
AR	steuerfrei	steuerfrei	58'800 Fr.
BE	steuerfrei	steuerfrei	43'800 Fr.
BL	steuerfrei	steuerfrei	198'540 Fr.
BS	steuerfrei	steuerfrei	52'290 Fr.
FR	steuerfrei	steuerfrei	75'000 Fr.
GE[2]	steuerfrei	steuerfrei	268'300 Fr.
GL	steuerfrei	steuerfrei	39'200 Fr.
GR[3]	steuerfrei	19'600 Fr.[4]	20'000 Fr.[5]
JU	12'500 Fr.[6]	12'500 Fr.	100'000 Fr.
LU[7]	steuerfrei	steuerfrei	57'000 Fr.
NE	steuerfrei	15'000 Fr.	100'000 Fr.
NW	steuerfrei	steuerfrei	steuerfrei
OW	steuerfrei	steuerfrei	steuerfrei
SG	steuerfrei	steuerfrei	147'000 Fr.
SH	steuerfrei	steuerfrei	176'500 Fr.
SO[8]	steuerfrei	steuerfrei	154'000 Fr.[9]
SZ	steuerfrei	steuerfrei	steuerfrei
TG	steuerfrei	steuerfrei	140'000 Fr.
TI	steuerfrei	steuerfrei	194'310 Fr.
UR	steuerfrei	steuerfrei	150'000 Fr.
VD	steuerfrei	28'600 Fr.	250'000 Fr.
VS	steuerfrei	steuerfrei	122'500 Fr.[13]
ZG	steuerfrei	steuerfrei	steuerfrei
ZH	steuerfrei	steuerfrei	122'400 Fr.

1 Einige Kantone setzen für die mildere Besteuerung voraus, dass die Konkubinatspartner seit mindestens 5 bzw. 10 Jahren (je nach Kanton) im gleichen Haushalt leben
2 Angegebene Beträge gelten nur für die Erbschaftssteuer; Beträge für die Schenkungssteuer sind zum Teil etwas höher
3 Nur Nachlasssteuer des Kantons berücksichtigt (Tarif richtet sich nach dem Konsumentenindex); Gemeinden können zusätzlich eine Nachlass- oder Erbanfallsteuer erheben; die Schenkungssteuer beträgt 5% vom steuerbaren Schenkungsbetrag
4 Schenkungssteuer beträgt 24'500 Fr.
5 Schenkungssteuer beträgt 24'750 Fr.
6 Tarif für Ehegatten mit gemeinsamen Nachkommen, sonst höherer Tarif

Kanton	Eltern	Geschwister	Nichtverwandte
AG	32'900 Fr.	73'800 Fr.	109'200 Fr.
AI	19'200 Fr.	29'700 Fr.	99'000 Fr.
AR	steuerfrei	108'900 Fr.	158'400 Fr.
BE	43'800 Fr.	43'800 Fr.	116'800 Fr.
BL	49'635 Fr.	74'450 Fr.	198'540 Fr.
BS	34'860 Fr.	52'290 Fr.	156'870 Fr.
FR	steuerfrei	50'000 Fr.	250'000 Fr.
GE[2]	steuerfrei	107'900 Fr.	268'300 Fr.
GL	22'500 Fr.	39'200 Fr.	98'000 Fr.
GR[3]	20'000 Fr.[4]	20'000 Fr.[5]	20'000 Fr.[5]
JU	50'000 Fr.	75'000 Fr.	200'000 Fr.
LU[7]	57'000 Fr.	57'000 Fr.	190'000 Fr.
NE	15'000 Fr.	75'000 Fr.	225'000 Fr.
NW	15'000 Fr.	25'000 Fr.	75'000 Fr.
OW	steuerfrei	steuerfrei	100'000 Fr.
SG	47'500 Fr.	98'000 Fr.	147'000 Fr.
SH	33'500 Fr.	70'600 Fr.	176'500 Fr.
SO[8]	29'000 Fr.[10]	54'000 Fr.[11]	154'000 Fr.[12]
SZ	steuerfrei	steuerfrei	steuerfrei
TG	32'640 Fr.	70'000 Fr.	140'000 Fr.
TI	steuerfrei	64'770 Fr.	194'310 Fr.
UR	steuerfrei	50'000 Fr.	150'000 Fr.
VD	62'900 Fr.	125'000 Fr.	250'000 Fr.
VS	steuerfrei	49'000 Fr.[14]	122'500 Fr.[13]
ZG	steuerfrei	28'360 Fr.	70'900 Fr.
ZH	12'000 Fr.	67'500 Fr.	140'400 Fr.

7 Nachkommen werden vom Kanton nicht besteuert; die Mehrzahl der Gemeinden erheben für Nachkommen eine Erbschaftssteuer von max. 2%; Schenkungen sind steuerfrei (bis 5 Jahre vor Tod)
8 Bei Erbschaft wird zusätzlich zu den aufgeführten Beträgen für alle Erben eine separate Nachlasssteuer erhoben; bei einer Nachlasssumme von 500'000 Fr. beträgt sie 4'000 Fr.
9 Schenkungssteuer beträgt 146'100 Fr.
10 Schenkungssteuer beträgt 24'350 Fr.
11 Schenkungssteuer beträgt 48'700 Fr.
12 Schenkungssteuer beträgt 146'100 Fr.
13 Schenkungssteuer beträgt 124'500 Fr.
14 Schenkungssteuer beträgt 49'800 Fr.

AHV
Pensionskasse
Liegenschaften
Steuern
Nachlass
Auswandern
Frühpensionierung
Budget
Vermögen
Anlagestrategien
Planungshilfen

Tipps!

Das sind einige Möglichkeiten, um die Steuerfolgen für die Erben bzw. die Beschenkten zu mindern:

- *Sie können Ihren Erben zuliebe in einen Kanton mit niedrigeren Erbschaftssteuern umziehen.*
- *Kaufen Sie eine Liegenschaft in einem steuergünstigen Kanton, die Sie dann anstelle eines Barbetrages vererben bzw. verschenken.*
- *Verbinden Sie eine Schenkung mit einer Nutzniessung. Dadurch vermindert sich der Schenkungsbetrag um den kapitalisierten Wert der Nutzniessung. Je jünger der Nutzniesser ist, desto höher ist die Steuerersparnis. Eine besondere Form der Nutzniessung bei Liegenschaften – allerdings mit der gleichen Steuerwirkung – ist das Wohnrecht.*
- *Staffeln Sie Erbvorbezüge bzw. Schenkungen über mehrere Jahre. Vermögensübergänge an die gleiche Person werden in einigen Kantonen nur über fünf bzw. zehn Jahre aufgerechnet.*
- *Schenken Sie auf Umwegen. Möchten Sie beispielsweise Ihrem Sohn und seiner Ehefrau einen Vermögenswert schenken, sollte Sie ihn zuerst dem Sohn übertragen, weil direkte Nachkommen in den meisten Kantonen keine Schenkungssteuern bezahlen müssen. Der Sohn kann danach seiner Frau die Hälfte des Betrages ebenfalls steuerfrei schenken.*

Kapitel 6

Was muss ich wissen, wenn ich nach der Pensionierung auswandern möchte?

Was muss ich wissen, wenn ich nach der Pensionierung auswandern möchte?

Immer mehr Schweizerinnen und Schweizer erfüllen sich den Traum von einem Lebensabend im Ausland. Verlockend sind vor allem ein angenehmeres Klima oder günstigere Lebenshaltungskosten. Vor der Auswanderung sollten die rechtlichen und finanziellen Aspekte beachtet werden.

Einreise- und Aufenthaltsbedingungen

Seit Juni 2002 sind die bilateralen Abkommen über den freien Personenverkehr zwischen der Schweiz und der EU in Kraft. Ein Wohnsitzwechsel in die EU ist damit deutlich einfacher geworden. In allen EU- und EFTA-Staaten erhalten nicht erwerbstätige Schweizer eine Aufenthaltserlaubnis für mindestens fünf Jahre, wenn sie finanziell unabhängig sind und über einen ausreichenden Krankenversicherungsschutz verfügen. Die Aufenthaltsbewilligung wird automatisch um mindestens fünf Jahre verlängert, wenn diese Voraussetzungen weiterhin erfüllt sind. Viele Länder ausserhalb der EU sind bei der Erteilung von Niederlassungsbewilligungen für ältere Neueinwanderer sehr zurückhaltend. Die besten Aussichten haben kapitalkräftige Rentnerinnen und Rentner. Wer Möbel, Hausrat und Motorfahrzeuge mitnehmen will, sollte sich über die Zollvorschriften und Einfuhrgebühren erkundigen. Für Tiere gibt es in vielen Ländern zum Teil strenge Einfuhrvorschriften (Impfungen, Quarantäne).

Lebenshaltungskosten

Das Leben in Ländern mit schwachen Währungen scheint auf den ersten Blick oft vorteilhafter, als es in Wirklichkeit ist. Entscheidend bei Preisvergleichen ist die Kaufkraft: Welche Güter können Sie mit Ihrem Nettoeinkommen am neuen Ort kaufen? Tabellen mit internationalen Kaufkraftvergleichen können helfen, die Ausgaben abzuschätzen. Beachten sollte man dabei, dass der Warenkorb wahrscheinlich anders aussehen wird als der eines lokalen Durchschnittshaushalts. Um den Lebensstandard aufrechtzuerhalten, den man in der Schweiz gewohnt ist, muss unter Umständen mit Mehrkosten gerechnet werden.

AHV und Pensionskasse

Den Domizilwechsel sollte man der Pensionskasse und der AHV-Ausgleichskasse möglichst früh mitteilen, damit die Überweisung der Renten ohne Verzögerung klappt. Pensionskassen bestehen oft auf einer Überweisung auf ein Konto in der Schweiz. AHV- und IV-Renten dagegen kann man an jeden beliebigen Wohnort und in der Währung des Wohnsitzes überweisen lassen, sofern das keine lokalen Gesetze verletzt.
Seit dem Inkrafttreten der bilateralen Abkommen der Schweiz mit den EU-Staaten können Frühpensionierte, die in die EU auswandern, nicht mehr der freiwilligen AHV beitreten. Frühpensionierte, die in ein Land ausserhalb der EU auswandern, können nur dann der freiwilligen AHV beitreten, wenn sie in der Schweiz zuletzt fünf Jahre bei der AHV versichert waren.

Krankenkasse und Unfallversicherung

Rentnerinnen und Rentner, die in einen EU-Staat auswandern und ihre Rente ausschliesslich aus der Schweiz erhalten, müssen sich grundsätzlich in der Schweiz bei einer beliebigen Krankenkasse gegen Krankheit und Unfall versichern. Dasselbe gilt, wenn sie auch eine Rente eines EU-Landes erhalten, in der Schweiz aber am längsten versichert waren. Auch ihre nicht erwerbstätigen Familienangehörigen sind in diesem Fall in der Schweiz versichert. In einigen EU-Ländern ist es den Rentenbezügern und ihren nicht erwerbstätigen Familienangehörigen freigestellt, ob sie sich in der Schweiz oder im Wohnsitzland versichern.
Die in der Schweiz versicherten Rentnerinnen und Rentner erhalten in jedem EU-Land die gleichen gesetzlichen Kran-

Krankenversicherung für Personen mit Wohnsitz in einem EU-Land

Versicherte	Versicherung in der Schweiz oder im Wohnsitzland	Versicherung im Wohnsitzland	Versicherung in der Schweiz
• Rentnerinnen und Rentner	• Deutschland, Frankreich, Italien, Österreich, Portugal, Spanien[1]	• Liechtenstein	• u.a. Belgien, Dänemark, Griechenland, Grossbritannien, Irland, Luxemburg, Niederlande, Schweden, Spanien
• Nichterwerbstätige Familienangehörige von Rentnerinnen und Rentnern	• Deutschland, Finnland, Frankreich, Italien, Österreich, Spanien[1]	• Dänemark, Grossbritannien, Liechtenstein, Portugal, Schweden, Spanien	• u.a. Belgien, Griechenland, Irland, Luxemburg, Niederlande

1 Wahlrecht nur unter gewissen Voraussetzungen

kenpflegeleistungen wie die einheimische Bevölkerung und müssen auch die dort vorgesehenen Kostenbeteiligungen bezahlen. Wer während der Ferien in einem anderen EU-Staat oder in der Schweiz erkrankt, hat Anspruch auf die gesetzlichen Versicherungsleistungen des jeweiligen Ferienlandes. Wer sich jedoch ohne Notfall gezielt in einem anderen Land (zum Beispiel in der Schweiz) behandeln lassen will, sollte sich vorher bei seiner Krankenkasse erkundigen, ob die Kosten ebenfalls übernommen werden.

Auch Rentnerinnen und Rentner, die in ein Land ausserhalb der EU auswandern, können unter Umständen in der Schweiz versichert bleiben. Viele Schweizer Krankenkassen bieten internationale Versicherungslösungen für Auslandschweizer an. Diese können aber häufig nur bei guter Gesundheit und nur bis zu einem bestimmten Alter abgeschlossen werden. Wer bei keiner Versicherung unterkommt, sollte abklären, ob die Schweiz mit dem betreffenden Domizilland ein Sozialversicherungsabkommen abgeschlossen hat, das wenigstens die Aufnahme in die minimale gesetzliche Krankenversicherung des jeweiligen Landes gewährleistet.

Tipp!

Klären Sie bei Ihrer Krankenkasse ab, ob Sie Ihre Zusatzversicherungen weiterführen oder gegen eine Gebühr sistieren können. Sistierte Zusatzversicherungen können Sie wieder in Kraft setzen, falls Sie später in die Schweiz zurückkehren.

Andere Versicherungen

Haftpflicht- und Hausratversicherungen muss man beim definitiven Wohnsitzwechsel auflösen und im Ausland neu abschliessen. Damit keine Deckungslücken entstehen, sollte man die neuen Policen möglichst schon auf den Termin der Übersiedelung abschliessen. Motorfahrzeugversicherungen kann man in einigen Fällen bei der Filiale der bisherigen Versicherung im Ausland weiterführen, ohne dass man seine Bonusstufe verliert.

Immobilien

Wer im Rentenalter auswandert, kauft sich am neuen Wohnort in der Regel eine Wohnung oder ein Haus. In einigen Ländern ist der Erwerb von Immobilien für ausländische Staatsangehörige allerdings beschränkt. Innerhalb der EU können Schweizer aber in jedem Land, in dem sie sich niederlassen, Grundstücke und Liegenschaften ohne Einschränkungen erwerben. Bei der Auswahl und beim Kauf eines passenden Objektes empfiehlt es sich, seriöse Fachleute beizuziehen, die den lokalen Immobilienmarkt kennen und mit den rechtlichen Bestimmungen vertraut sind. Ideal ist es natürlich, wenn man eine Wohngelegenheit in der Schweiz behalten kann. Schweizer Banken finanzieren in der Regel keine Immobilien im Ausland. Sie müssen Ihre Liegenschaft also entweder aus eigenen Mitteln kaufen oder einen lokalen Kreditgeber finden.

Kapitalanlagen und Devisen

Das Vermögen wird voraussichtlich einen grossen Beitrag zum Lebensunterhalt leisten. Deshalb ist es entscheidend, dass man sein Kapital optimal anlegt. Der Anlagefokus verlagert sich vom Schweizer Franken auf die Referenzwährung des Gastlandes, in der auch die Lebenshaltungskosten anfallen. Die Devisen, die man bei der Auswanderung benötigt, kauft man am besten in mehreren Tranchen, damit man einen möglichst günstigen Durchschnittskurs erhält. Zu beachten sind die Bestimmungen des jeweiligen Landes für das Ein- und Ausführen von Devisen.

Tipp!

Überprüfen Sie, ob Ihre Anlagestrategie die doppelt veränderte Situation mit der Aufgabe der Erwerbstätigkeit und dem Wechsel Ihres Wohnsitzes ins Ausland angemessen berücksichtigt. Wenn Sie in ein Land mit grossen Devisenkursschwankungen, hohen Inflationsraten oder sonstigen wirtschaftlich oder politisch instabilen Verhältnissen übersiedeln, empfiehlt es sich, einen Teil des Vermögens in der Schweiz zu belassen.

Steuern

Mit dem definitiven Wegzug aus der Schweiz wird man grundsätzlich für das gesamte Einkommen und Vermögen im Ausland steuerpflichtig. In der Schweiz steuerpflichtig bleibt man jedoch für schweizerische Geschäftsbetriebe sowie für Immobilien in der Schweiz und den Ertrag daraus. Der Steuersatz richtet sich nach dem gesamten weltweiten Einkommen und Vermögen. Wer seine Einkommens- und Vermögenswerte im Ausland nicht deklariert, läuft Gefahr, von der Schweizer Steuerbehörde zum höchstmöglichen Steuersatz veranlagt zu werden.
Zudem erhebt die Schweiz auf Dividenden sowie Bank- und Obligationenzinsen von Schweizer Gesellschaften eine Verrechnungssteuer von 35 Prozent. In der Regel kann man den gesamten Betrag zurückfordern, falls ein Doppelbesteuerungsabkommen zwischen der Schweiz und dem Wohnsitz-

staat besteht. Doppelbesteuerungsabkommen verhindern, dass dasselbe Einkommen oder Vermögen an zwei Orten versteuert werden muss. Die Schweiz hat mit vielen Staaten Doppelbesteuerungsabkommen abgeschlossen.
Voraussetzung für die Rückforderung ist, dass das betreffende Einkommen oder Vermögen im neuen Wohnsitzland deklariert wird.

Tipp!

Das Steuersystem ist in jedem einzelnen Land sehr unterschiedlich ausgestaltet. Es ist deshalb unumgänglich, die neue Situation vorher genau abzuklären und in die Finanzplanung miteinzubeziehen.

Quellensteuer auf Vorsorgeleistungen

Für Renten aus der zweiten Säule und der Säule 3a erhebt die Schweiz in den meisten Fällen eine Quellensteuer. Auf den Abzug der Quellensteuer wird verzichtet, wenn ein Doppelbesteuerungsabkommen mit dem Wohnsitzland besteht. Auch bei Kapitalbezügen wird meist eine Quellensteuer abgezogen, wenn der Bezüger im Ausland wohnt. Die Höhe der Quellensteuer hängt vom Kanton ab, in dem die Vorsorgestiftung ihren rechtlichen Sitz hat; bei Vorsorgestiftungen von Banken beispielsweise also nicht vom Ort der jeweiligen Bankniederlassung, bei der das Guthaben liegt. Die Quellensteuer kann man zurückfordern, wenn zwischen der Schweiz und dem neuen Wohnsitzland ein Doppelbesteuerungsabkommen besteht und das Geld dort deklariert wird.

Tipp!

Oft ist die Steuerbelastung im Ausland höher als in der Schweiz, weshalb viele Auswanderer auf die Deklaration und damit auch auf die Rückforderung der Quellensteuer verzichten. Darum kann es sich lohnen, das Pensionskassen- und Säule-3a-Guthaben zu einer Freizügigkeits- bzw. Vorsorgestiftung mit Sitz in einem Kanton mit niedrigen Quellensteuern zu transferieren und es erst danach zu beziehen. Doch aufgepasst: Einige

Stiftungen erheben hohe Gebühren, wenn sie lediglich als Durchlaufstelle benutzt werden, um Quellensteuern zu sparen.

Alters- und Pflegeheime

Beim Auswandern in ein fremdes Land denkt niemand gern daran, dass er später einmal auf fremde Pflege angewiesen sein könnte. Leider kann jedoch niemand darauf bauen, sich bis ins hohe Alter bester Gesundheit zu erfreuen und für sich selbst sorgen zu können. Es ist nicht selbstverständlich, dass Alters- und Pflegeheime auch Ausländern offen stehen. In vielen Fällen entsprechen diese Einrichtungen im Ausland auch nicht den Ansprüchen und Vorstellungen schweizerischer Auswanderer. Deshalb sollte man möglichst früh abklären, ob die Möglichkeit besteht, vom Ausland her in ein schweizerisches Alters- oder Pflegeheim aufgenommen zu werden. Unter Umständen ist es sinnvoll, sich vor der Ausreise in einem schweizerischen Heim anzumelden.

Nachlass

Noch weniger gern beschäftigt man sich mit dem eigenen Tod und den Auswirkungen für die Hinterbliebenen. Wenn zum Beispiel der Lebenspartner allein in einem fremden Land zurückbleiben sollte, ist es noch wichtiger, rechtzeitig die notwendigen Vorkehrungen zu treffen. Auslandschweizer müssen abklären, welche Behörden sich mit der Abwicklung des Nachlasses befassen, welches Recht zur Anwendung kommt, welche formalen Anforderungen die letztwilligen Verfügungen erfüllen müssen und welcher Spielraum dabei besteht. In manchen Ländern erlaubt es die Rechtsordnung des Wohnsitzstaates, dass man seinen Nachlass dem schweizerischen Recht unterstellt und auch die Schweizer Behörden mit der Abwicklung der Nachlassteilung beauftragen kann.

Rückkehr in die Schweiz

Nicht immer erfüllt die Auswanderung alle Hoffnungen und Erwartungen. Gesundheitliche Probleme, der Tod des Partners, Einsamkeit in der ungewohnten Umgebung oder ganz einfach Heimweh sind Gründe, weshalb ein Teil der Auswanderer in die Schweiz zurückkehren möchte. Als Alternative zur Auswanderung könnten Sie wie viele andere pensionierte Schweizerinnen und Schweizer auch nur während der kalten Jahreszeit ein paar Monate im Ausland verbringen. Das bedeutet natürlich einen zusätzlichen finanziellen Aufwand, kann aber unter Umständen eine bessere Lösung sein als ein definitiver Wegzug. Eine Rückkehr in die Schweiz ist so jederzeit möglich.

Tipp!

Wenn immer möglich sollten Sie sich mehrmals für längere Zeit in Ihrem neuen Gastland aufhalten, bevor Sie sich entschliessen, die Schweiz definitiv zu verlassen. Ideal sind mehrere Aufenthalte von zwei bis drei Monaten während unterschiedlicher Jahreszeiten. Es ist wesentlich einfacher, notwendige Abklärungen an Ort und Stelle zu machen. Gleichzeitig können Sie viel besser beurteilen, was an Positivem und Negativem auf Sie zukommt. Sind Sie entschlossen auszuwandern, sollten Sie mindestens ein Jahr vor der Ausreise mit der Planung Ihrer Finanzen anfangen.

Kapitel 7

Kann ich mir eine Frühpensionierung leisten?

Kann ich mir eine Frühpensionierung leisten?

Umfragen zeigen immer wieder: Zwei von drei Schweizerinnen und Schweizern möchten sich vorzeitig aus dem Berufsleben zurückziehen. Doch eine Frühpensionierung ist teuer und nicht alle können sie sich leisten. Wer an eine Frühpensionierung denkt, muss seine Einkommenslücke genau kennen und wissen, wie er diese Lücke schliessen kann. Das gilt auch für Personen, die unfreiwillig in die Frühpensionierung entlassen werden.

Einkommenslücke

Bei einer regulären Pensionierung löst die AHV zusammen mit der Pensionskassenrente das Erwerbseinkommen ab. Fällt das Berufseinkommen vor dem Erreichen des AHV-Alters weg, entsteht eine Einkommenslücke. Diese Lücke lässt sich mit einem Vorbezug der AHV- und Pensionskassenleistungen überbrücken. Doch ein Vorbezug führt zu einer lebensläng-

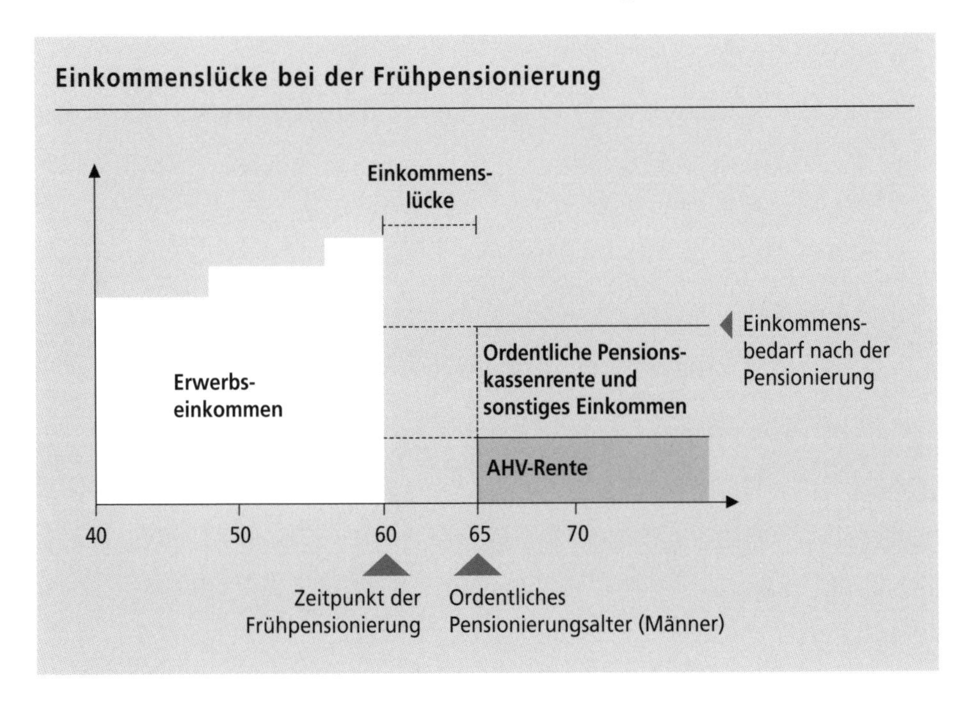

lichen Rentenkürzung. Wie hoch die Kürzung ausfällt, steht im Kapitel «AHV» bzw. «Pensionskasse». Die AHV-Rente lässt sich zudem höchstens um zwei Jahre vor Erreichen des regulären AHV-Alters vorbeziehen. Ab welchem Alter die Pensionskassenleistungen bezogen werden können, ist von Pensionskasse zu Pensionskasse unterschiedlich geregelt. Häufig ist ein frühzeitiger Bezug ab Alter 60 möglich. Manche Arbeitgeber haben das Pensionierungsalter generell um ein oder zwei Jahre herabgesetzt. Das bedeutet: Die Beschäftigten können ihre Pensionskassenleistungen zum Beispiel bereits mit Alter 63 beziehen, und zwar ohne Abstriche.
Wer die Rentenkürzung vermeiden möchte, muss die Einkommenslücke mit Ersparnissen überbrücken. Besonders geeignet sind Guthaben der dritten Säule und Guthaben auf Freizügigkeitskonten bzw. Freizügigkeitspolicen. Diese Guthaben lassen sich bis fünf Jahre vor dem regulären AHV-Alter beziehen.

Tipp!

Sie können die finanziellen Einbussen einer Frühpensionierung verringern, wenn Sie Ihr Arbeitspensum schrittweise reduzieren. Viele Arbeitgeber sind an einer solchen Lösung durchaus interessiert. Manche machen sich nach der Frühpensionierung selbstständig, damit sie einen Nebenverdienst haben. In diesem Fall sollten Sie Ihr Vorsorgekapital nicht für den Aufbau des Geschäfts verwenden. Geht es verloren, haben Sie nicht mehr genug Zeit, um das dadurch entstandene Loch in der Altersvorsorge wieder zu stopfen.

Überbrückungsrente: Lohnt sich das?

Manche Arbeitgeber fördern die vorzeitige Pensionierung, indem Frühpensionierte bis zum ordentlichen AHV-Alter eine Überbrückungsrente beziehen können. Die Frühpensionierten müssen diese Rente meistens selber finanzieren oder sich zumindest an den Kosten beteiligen. Die ausbezahlten Renten werden von ihrem Pensionskassenguthaben abgezogen, was zu einer tieferen Altersrente führt. Deshalb ist es oft besser, die Einkommenslücke mit privaten Ersparnissen zu überbrücken. Eine Überbrückungsrente kann sich vor allem dann lohnen, wenn sich der Arbeitgeber an der Finanzierung beteiligt. Profitieren können aber auch Personen mit einer geringeren Lebenserwartung, zum Beispiel weil sie schwer krank sind.

Unfreiwillige Frühpensionierung

Unternehmen, die einen Teil ihrer Beschäftigten in die Frühpensionierung entlassen, legen oft einen Sozialplan vor, um die finanziellen Auswirkungen abzufedern. Dazu können Überbrückungsrenten, aber auch Abgangsentschädigungen gehören. Anerkennt die Steuerbehörde eine Abgangsentschädigung als Vorsorge, wird sie zum Satz für Kapitalauszahlungen aus der zweiten Säule besteuert. Andernfalls gilt die Abfindung als Einkommen, was steuerlich weit teurer ist. In der Regel gilt die Abfindung als Vorsorge, wenn der Frühpensionierte mindestens 55 Jahre alt ist, seine Haupterwerbstätigkeit definitiv aufgibt und wenn wegen der Frühpensionierung eine Vorsorgelücke entsteht.

Tipp!

Wer von seinem Arbeitgeber unfreiwillig in die Frühpension geschickt wird, verpasst möglicherweise die Anmeldefrist für den Kapitalbezug der Pensionskasse. Diese Frist kann bis zu drei Jahre betragen. In diesem Fall sollten Sie mit dem Arbeitgeber bzw. mit der Pensionskasse das Gespräch suchen.

Kapitel 8

Wie verändern sich meine Ausgaben und Einnahmen nach der Pensionierung?

Wie verändern sich meine Ausgaben und Einnahmen nach der Pensionierung?

Angehende Pensionierte sollten sich mit einer Budgetplanung so früh wie möglich Klarheit über ihre finanzielle Situation nach der Pensionierung verschaffen. Die Gegenüberstellung der voraussichtlichen Ausgaben und Einnahmen zeigt nicht nur einen möglichen finanziellen Engpass auf. Sie erleichtert auch den Entscheid, wie viel Pensionskassenkapital man als Rente und wie viel in Kapitalform beziehen soll, und welche Vermögenswerte man längerfristig anlegen und dadurch höhere Renditen erzielen kann.

Erstellen eines Budgets

Wer zum ersten Mal ein Budget erstellt, muss sich erst daran gewöhnen, seine Ausgaben regelmässig zu erfassen. Sinnvoll ist es, parallel ein Monats- und ein Jahresbudget zu führen und auch eine ausreichende Reserve für Unvorhergesehenes wie Zahnarztkosten oder Neuanschaffungen einzuplanen. Eine Vorlage für das Budget finden Sie auf den beiden folgenden Seiten.

Einkommenslücke – was nun?

Falls zwischen den Ausgaben nach der Pensionierung und den zu erwartenden Einnahmen eine erhebliche Differenz zum Vorschein kommt, besteht sofortiger Handlungsbedarf. Sie müssen nach Möglichkeiten suchen, wie Sie entweder Ihre Ausgaben reduzieren oder Ihr Einkommen aufbessern können.

Einkommen aufbessern

Wer über ausreichend hohe Ersparnisse verfügt, kann diese heranziehen, um die Einkommenslücke zu füllen. Wie hoch Ihre Ersparnisse dazu sein müssen, lesen Sie später im Kapitel «Vermögen». Dort steht auch, wie viel Sie bis zur Pensionierung noch sparen müssen, um Ihr Einkommen nach der Pensionierung langfristig sicherzustellen. Je früher Sie eine

Budgetvorlage (Teil 1)

Ausgaben	Aktuell Monat	 Jahr	Nach der Pensionierung Jahr
Wohnen			
• Hypothekar-/Mietzins	....	....	....
• Nebenkosten (Strom etc.)	....	....	....
• Unterhalt/Reparaturen	....	....	....
• Telefon, Radio, TV	....	....	....
Steuern			
• Staats- und Gemeindesteuer	....	....	....
• Direkte Bundessteuer	....	....	....
Versicherungen			
• Krankenkasse, Unfall	....	....	....
• Auto (inkl. Steuern)	....	....	....
• Haushalt/Haftpflicht	....	....	....
• Sonstige (z.B. Säule 3a)	....	....	....
Gesundheit			
• Arzt, Zahnarzt (Selbstbehalt)	....	....	....
• Optiker	....	....	....
• Körperpflege/Kosmetik	....	....	....
Haushalt			
• Nahrung, Getränke	....	....	....
• Auswärtige Verpflegung	....	....	....
• Kleidung	....	....	....
• Zeitungen, Zeitschriften	....	....	....
• Sonstiges (z.B. Haustiere)	....	....	....
Verkehr			
• Öffentliche Verkehrsmittel	....	....	....
• Auto (Benzin, Unterhalt)	....	....	....
Freizeit			
• Hobbys	....	....	....
• Ausgang und Ausflüge	....	....	....
• Bücher/Weiterbildung	....	....	....
• Ferien	....	....	....
Verschiedenes			
• Verbandsbeiträge	....	....	....
• Geschenke und Spenden	....	....	....
• Rückstellung Anschaffungen	....	....	....
• Alimente	....	....	....
• Reserven	....	....	....
Total Ausgaben	....	....	....

Budgetvorlage (Teil 2)

	Aktuell		Nach der Pensionierung
Einnahmen	**Monat**	**Jahr**	**Jahr**
Einnahmen aus Nebenerwerb	....	....	....
AHV-Rente(n)	....	....	....
Pensionskassenrente(n)	....	....	....
Private Leibrente(n)	....	....	....
Wertschriftenerträge (netto)	....	....	....
Liegenschaftenerträge	....	....	....
Andere Einnahmen	....	....	....
Total Einnahmen	....	....	....
Fehlbetrag/Überschuss			
Einnahmen total (Übertrag)	....	....	....
Ausgaben total (Übertrag)	....	....	....
Fehlbetrag/Überschuss	....	....	....

Einkommenslücke erkennen, desto eher wird es Ihnen gelingen, die noch fehlenden Mittel anzusparen. Wer erst kurz vor der Pensionierung merkt, dass sein Einkommen und sein Vermögen nicht ausreichen, muss im Alter den Gürtel wohl oder übel enger schnallen.

Ausgaben reduzieren

Am meisten geben die Schweizerinnen und Schweizer für Wohnen und Steuern aus. Weitere grössere Ausgabenposten sind Nahrungsmittel, Gesundheit und Versicherungsprämien. Diese fünf Posten zusammen machen bei einem durchschnittlichen Haushalt über 60 Prozent der gesamten Ausgaben aus. An dieser Situation ändert sich auch nach der Pensionierung nicht viel. Wer sich finanziell einschränken muss, sollte also vor allem diese grossen Ausgabenblöcke genauer unter die Lupe nehmen.

AHV
Pensionskasse
Liegenschaften
Steuern
Nachlass
Auswandern
Frühpensionierung
Budget
Vermögen
Anlagestrategien
Planungshilfen

- Wohnen

Überlegen Sie, ob Ihre heutige Wohnsituation Ihren Bedürfnissen und Prioritäten nach der Pensionierung entspricht und ob sie auch dann noch finanziell tragbar ist. Unter Umständen ist eine kleinere, weniger arbeits- und kostenaufwändige Wohnung sinnvoller als das Haus, das Sie mit der ganzen Familie bewohnt haben. Denken Sie daran, dass Ihr zukünftiges Zuhause den Ansprüchen an ein Altersdomizil gerecht wird, damit Sie dort auch bequem leben können, falls Sie nicht mehr so mobil sind wie heute. Wenn Sie Ihre Wohnsituation im Hinblick auf die Pensionierung verändern möchten, sollten Sie frühzeitig mit der Suche nach einem passenden Miet- oder Kaufobjekt beginnen.

- Steuern

Bei der Pensionierung werden die Weichen für Ihre zukünftige Steuerbelastung gestellt. Die Steuerplanung ist jetzt besonders wichtig. Wenn Sie Ihre Einkünfte und Abzüge im Hinblick auf die Pensionierung optimieren, werden Sie im Ruhestand jedes Jahr Steuern sparen. Überprüfen sollten Sie auch, ob Ihre Hypothek eher zu hoch oder zu niedrig ist, und ob Ihr Vermögen steuerlich optimal angelegt ist.

- **Krankenkasse und andere Versicherungen**

Überlegen Sie, welche Versicherungen Sie unbedingt brauchen. Versichern sollten Sie vor allem Risiken, die Sie finanziell in ernsthafte Schwierigkeiten bringen, wenn ein Schadenfall eintritt. Die Versicherungsprämien für Bagatellrisiken dagegen können Sie sich sparen. Prämien sparen können Sie auch, indem Sie die Selbstbehalte erhöhen. Wenn Sie unsicher sind, lassen Sie Ihre persönliche Situation am besten analysieren. So haben Sie die Gewissheit, dass Sie weder zu hoch noch unterversichert sind. Überprüfen Sie dann, ob Sie den besten Anbieter und die besten Produkte gewählt haben.

Bei den Krankenkassenprämien können Sie oft am meisten sparen. Wenn Sie die obligatorische Grundversicherung zu einer günstigeren Krankenkasse wechseln, die Franchise erhöhen oder die freie Arztwahl mit einem HMO- oder Hausarztmodell einschränken, sparen Sie mehrere hundert Franken im Jahr. Prüfen Sie zudem, ob Sie auf gewisse Zusatzversicherungen verzichten oder den Deckungsumfang reduzieren können, zum Beispiel mit einem Wechsel von der privaten zur halbprivaten Spitalabteilung. Allerdings müssen Sie sehr genau überlegen, ob Sie die versicherten Leistungen gerade im Alter reduzieren wollen, da die Wahrscheinlichkeit grösser ist, Leistungen beanspruchen zu müssen.

Tipp!

Vergleichen Sie Ihre aktuellen Krankenkassenprämien kostenlos unter www.vzonline.ch oder bestellen Sie beim VZ Vermögens-Zentrum in Zürich (Telefon 044 207 27 27) für 22 Franken pro Person einen schriftlichen Prämienvergleich inklusive einer 36 Seiten starken Broschüre mit vielen Tipps zum Prämiensparen.

Kapitel 9

Reicht mein Vermögen für die Pensionierung?

AHV
Pensions-kasse
Liegen-schaften
Steuern
Nachlass
Aus-wandern
Früh-pensio-nierung
Budget
Vermögen
Anlage-strategien
Planungs-hilfen

Reicht mein Vermögen für die Pensionierung?

In aller Regel besteht nach der Pensionierung eine Einkommenslücke, die man aus dem Vermögen decken muss. Doch wie viel Kapital muss zum Zeitpunkt der Pensionierung vorhanden sein, damit sich das fehlende Einkommen kompensieren lässt? Das hängt davon ab, wie viele Jahre man von diesem Kapital zehren muss und wie viel Rendite es abwirft.

Statistische Lebenserwartung

Eine Einkommenslücke besteht in den meisten Fällen lebenslang. 65-jährige Männer werden in der Schweiz durchschnittlich 83,8 Jahre alt. Ihre Restlebenserwartung mit 65 beträgt

Restlebenserwartung in Jahren

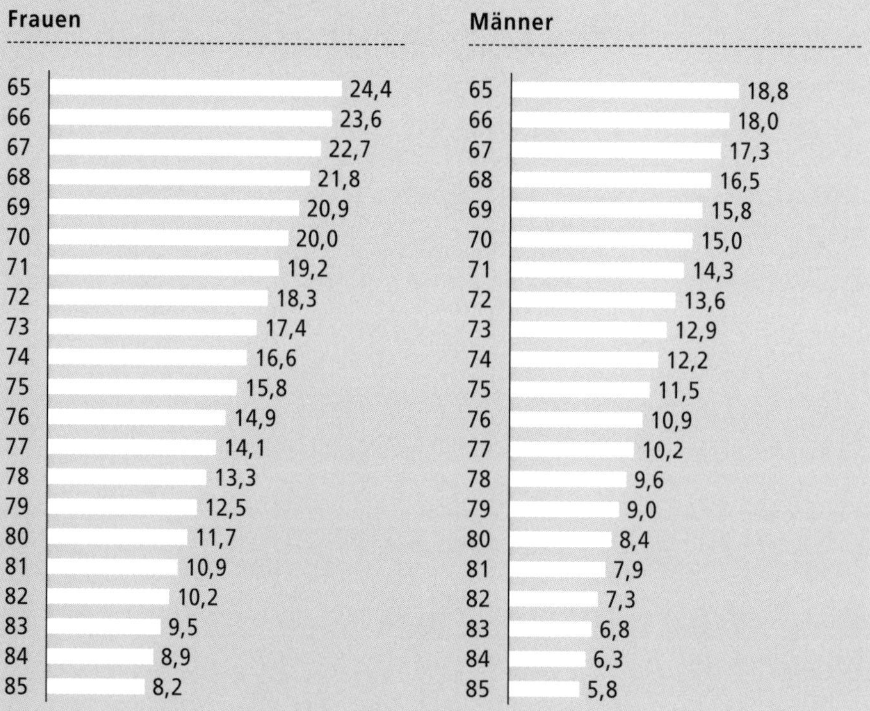

Alter	Frauen	Alter	Männer
65	24,4	65	18,8
66	23,6	66	18,0
67	22,7	67	17,3
68	21,8	68	16,5
69	20,9	69	15,8
70	20,0	70	15,0
71	19,2	71	14,3
72	18,3	72	13,6
73	17,4	73	12,9
74	16,6	74	12,2
75	15,8	75	11,5
76	14,9	76	10,9
77	14,1	77	10,2
78	13,3	78	9,6
79	12,5	79	9,0
80	11,7	80	8,4
81	10,9	81	7,9
82	10,2	82	7,3
83	9,5	83	6,8
84	8,9	84	6,3
85	8,2	85	5,8

Quelle: Stauffer/Schätzle, Barwerttafeln 5. Auflage 2001

also rund 19 Jahre. Die Restlebenserwartung von 65-jährigen Frauen beträgt 24,4 Jahre. Für die Berechnung des Kapitals, das zur Sicherstellung der Einkommenslücke benötigt wird, sollte man mit einer Sicherheitsreserve von fünf Jahren kalkulieren. Denn niemand kann mit Sicherheit ausschliessen, älter als der Durchschnitt zu werden.

Berechnung des notwendigen Kapitals

Mit den folgenden Hilfstabellen können Sie berechnen, wie hoch Ihr Kapitalbedarf zum Zeitpunkt der Pensionierung ist und wie viel Ihr heutiges Vermögen dann wert sein wird. Schliesslich können Sie auch gleich berechnen, wie viel Sie noch sparen müssen, damit keine Lücke bleibt.

Fallbeispiel «Reguläre Pensionierung»

Einem heute 55-Jährigen fehlen nach der Pensionierung nach Berücksichtigung der AHV- und Pensionskassenrente 18'000 Franken Einkommen pro Jahr, damit er seinen bisherigen Lebensstandard beibehalten kann. Er rechnet sicherheitshalber damit, dass er 90 Jahre alt wird und somit ab 65 noch 25 Jahre lebt. Er geht ausserdem von der konservativen Annahme aus, dass das Kapital zu durchschnittlich 2 Prozent

Hilfstabelle zur Berechnung des «notwendigen Kapitals»

Jahre	Erwartete Rendite pro Jahr 2%	4%	6%
3	2,94	2,89	2,83
5	4,81	4,63	4,47
6	5,71	5,45	5,21
7	6,60	6,24	5,92
8	7,47	7,00	6,58
9	8,33	7,73	7,21
10	9,16	8,44	7,80
15	13,11	11,56	10,30
20	16,68	14,13	12,16
25	19,91	16,25	13,55
30	22,84	17,98	14,59

Fallbeispiel

Ein Pensionär muss eine Einkommenslücke von 18'000 Fr. pro Jahr über 25 Jahre decken. Wie viel Kapital braucht er, wenn er mit einer Verzinsung des Restkapitals von jährlich 2% rechnet?

- Faktor 2%/25 Jahre: 19,91
- Einkommenslücke pro Jahr: 18'000 Fr.
- Notwendiges Kapital: 19,91 x 18'000 Fr. = **358'380 Fr.**

AHV
Pensionskasse
Liegenschaften
Steuern
Nachlass
Auswandern
Frühpensionierung
Budget
Vermögen
Anlagestrategien
Planungshilfen

Hilfstabelle zur Berechnung des «zukünftigen Kapitalwerts»

Jahre	Erwartete Rendite pro Jahr 2%	4%	6%
1	1,02	1,04	1,06
2	1,04	1,08	1,12
3	1,06	1,12	1,19
4	1,08	1,17	1,26
5	1,10	1,22	1,34
6	1,13	1,27	1,42
7	1,15	1,32	1,50
8	1,17	1,37	1,59
9	1,20	1,42	1,69
10	1,22	1,48	1,79
15	1,35	1,80	2,40
20	1,49	2,19	3,21
25	1,64	2,67	4,29

Fallbeispiel

Ein angehender Pensionär hat bereits 100'000 Fr. für seine Altersvorsorge angespart. Auf welchen Betrag wächst dieses Kapital bis zu seiner Pensionierung in 10 Jahren, wenn er mit einer Verzinsung von jährlich 4% rechnet?

- Faktor 4%/10 Jahre: 1,48
- Kapital heute: 100'000 Fr.
- Kapitalwert nach 10 Jahren: 1,48 x 100'000 Fr. = **148'000 Fr.**

verzinst wird. Das ergibt ein notwendiges Kapital von 358'380 Franken. Er könnte dann während 25 Jahren jedes Jahr 18'000 Franken beziehen, bis das Kapital aufgebraucht ist. Der zukünftige Pensionär hat bis heute bereits 100'000 Franken gespart, die für die Altersvorsorge reserviert sind. Das Geld ist je zur Hälfte in Aktien und Obligationen angelegt. Bis zu seiner Pensionierung in 10 Jahren wächst dieses Kapital bei einer jährlichen Rendite von 4 Prozent auf 148'000 Franken. Folglich braucht er bis zu seiner Pensionierung nur noch rund 210'000 Franken anzusparen. Damit er dieses Sparziel erreicht, muss er bei einer angenommenen Rendite auf den Spareinlagen von 4 Prozent jeden Monat 1'425 Franken auf die Seite legen.

Fallbeispiel «Frühpensionierung»

Ein 53-jähriger Unternehmer möchte sich mit 60 frühzeitig aus dem Berufsleben zurückziehen. Er schätzt, dass er für die 5 Jahre zwischen seiner vorzeitigen und seiner regulären Pensionierung ein Einkommen von insgesamt 120'000 Fran-

Hilfstabelle zur Berechnung des «notwendigen Sparbeitrags»

Jahre	Erwartete Rendite pro Jahr 2%	4%	6%
1	12,11	12,22	12,34
2	24,47	24,94	25,43
3	37,06	38,18	39,34
4	49,93	51,15	54,08
5	63,05	66,31	69,78
6	76,45	81,23	86,43
7	90,09	96,71	104,06
8	104,06	112,87	122,85
9	118,20	129,70	142,65
10	132,80	147,28	163,93
15	209,64	246,31	290,70
20	294,99	366,30	462,96
25	389,47	515,86	696,48

Fallbeispiel

Ein 55-Jähriger muss bis zu seiner Pensionierung in 10 Jahren ein Kapital von 210'000 Fr. ansparen. Wie viel muss er dafür jeden Monat auf die Seite legen, wenn er mit einer jährlichen Verzinsung der Sparbeiträge von 4% rechnet?

- Faktor 4%/10 Jahre: 147,28
- Notwendiges Kapital: 210'000 Fr.
- Notwendiger Sparbeitrag: 210'000 Fr. / 147,28 = **1'425 Fr.**

ken pro Jahr braucht. Das Mehrfamilienhaus, das er vermietet hat, bringt ihm einen Mietertrag von jährlich 80'000 Franken. Die übrigen Vermögenswerte möchte der Unternehmer nicht antasten, weil er damit die Einkommenslücke ab Alter 65 decken möchte.

Berechnungen Fallbeispiel «Frühpensionierung»

Einkommenslücke	40'000 Fr. pro Jahr
Dauer der Einkommenslücke	5 Jahre
Angenommene Verzinsung des Restkapitals	2% pro Jahr
Faktor aus Hilfstabelle «Kapital»	4,81
Notwendiges Kapital	**192'400 Fr. (40'000 Fr. x 4,81)**
Dauer bis zur Frühpensionierung	7 Jahre
Angenommene Verzinsung der Sparbeiträge	4% pro Jahr
Faktor aus Hilfstabelle «Sparbeitrag»	96,71
Notwendiger Sparbeitrag	**1'990 Fr. pro Monat (192'400 Fr. / 96,71)**

Wie viel Kapital braucht der Unternehmer zusätzlich, um die Einkommenslücke zwischen Alter 60 und 65 zu überbrücken? Weil dieses Geld ab 60 kurzfristig verfügbar sein muss und daher konservativ angelegt werden kann, rechnet er mit einer Verzinsung des Restkapitals von nur 2 Prozent. Mit Alter 60 müssen demnach zusätzliche 192'400 Franken zur Verfügung stehen. Bei den Sparbeiträgen rechnet der Unternehmer mit einer jährlichen Rendite von 4 Prozent. Unter diesen Rahmenbedingungen muss er pro Monat knapp 2'000 Franken auf die Seite legen, um sein Sparziel zu erreichen.

Kapitel 10

Wie stelle ich das Einkommen nach der Pensionierung sicher?

Wie stelle ich das Einkommen nach der Pensionierung sicher?

Viele Pensionierte möchten oder müssen mit ihrem Vermögen das Einkommen im Ruhestand aufbessern. Es gibt verschiedene Möglichkeiten, wie man dieses Kapital anlegen kann, damit es das gewünschte Zusatzeinkommen abwirft. Die richtige Anlagestrategie hängt unter anderem davon ab, wie hoch dieses Zusatzeinkommen sein soll, wie lange man es benötigt oder wie stark man auf dieses Einkommen angewiesen ist. Auch wer anstelle der Rente sein Pensionskassenguthaben bezieht, steht vor der Frage, wie er dieses Kapital anlegen soll.

Auswahlkriterien

Die Palette der möglichen Anlageinstrumente ist riesig. In Frage kommen zum Beispiel Aktien, Obligationen, Immobilien, Geldmarktanlagen, Einmaleinlage- oder Leibrentenpolicen und vieles mehr. Umso wichtiger ist es, dass man bei der Wahl seiner Geldanlagen folgende Kriterien beachtet:

- Risiko und Kontinuität

Wer auf ein Einkommen aus Geldanlagen unbedingt angewiesen ist, sollte das Risiko möglichst tief halten, indem er sein Vermögen keinen grösseren Wertschwankungen aussetzt. Aktien beispielsweise sind riskanter als Obligationen, weil ihre Kurse stärker schwanken.
Auch sollten die Erträge kontinuierlich anfallen. So können bei Aktien die Dividenden in Jahren mit schlechtem Geschäftsgang gestrichen werden. Oder abgelaufene Obligationen lassen sich nur durch solche mit einem tieferen Zinscoupon ersetzen, falls das Zinsniveau gesunken ist. Bei vermieteten Immobilien können Leerstände zu vorübergehenden Einkommenseinbussen führen. Und bei Leibrenten- oder Einmaleinlagepolicen kann die Versicherungsgesellschaft die bei Abschluss der Police prognostizierten Überschüsse kürzen.

- **Steuern und Kosten**

Geldanlagen bringen nicht nur Erträge, sie sind auch mit Kosten und Steuern verbunden. Für den Kauf und Verkauf von Wertpapieren beispielsweise verlangen die Banken Abwicklungsgebühren, die bei häufigen Transaktionen stark ins Gewicht fallen können. Andererseits bilden Zinsen und Dividenden – im Gegensatz zu Kursgewinnen – steuerbares Einkommen, was die Erträge je nach persönlicher Steuerprogression um mehr als einen Drittel reduzieren kann. In den Offerten für Leibrenten- und Einmaleinlagepolicen sind hohe Abschluss- und Verwaltungsgebühren versteckt. Zudem schmälern die Steuern die ausbezahlte Rente, weil Leibrenten teilweise als Einkommen versteuert werden müssen.

- **Flexibilität und Periodizität**

Die Flexibilität der gewählten Anlageform ist besonders wichtig für den Fall, dass ein unerwarteter Kapitalbedarf entsteht, zum Beispiel für eine grössere Reise oder weil man den Kindern den Kauf eines Eigenheims ermöglichen möchte. Immobilien kann man in der Regel nicht von heute auf morgen verkaufen, Wertpapiere dagegen schon. Ebenso sollte man darauf achten, wann die Anlagen Erträge abwerfen: monatlich wie zum Beispiel Mieterträge bei Immobilien oder einmal pro Jahr wie etwa der Zinscoupon einer Obligation?

- **Kapitalerhalt oder Kapitalverzehr**

Nur wenige verfügen über ein ausreichend hohes Vermögen, um ihr Einkommen ausschliesslich mit den Kapitalerträgen sicherzustellen und damit das Kapital langfristig erhalten zu können. Die meisten Pensionierten müssen die Substanz ihres Vermögens angreifen und es kontinuierlich verzehren. Dies sollte allerdings bewusst und geplant erfolgen, damit das Einkommen auch im hohen Alter noch besteht.

Kapital verzehren kann man auf zwei Arten: Man kann das Kapital selber anlegen und verbrauchen oder es in eine Leibrente investieren. Die Leibrente ist eine Versicherung, die eine lebenslängliche Rente garantiert. Welche der beiden Möglichkeiten ist besser? Dazu nachfolgend eine Vergleichsrechnung.

Vergleichsrechnung

Ein 65-jähriger Mann hat 300'000 Franken zur Verfügung. Dafür erhält er eine Leibrente von rund 13'500 Franken pro Jahr. Hinzu kommen Überschüsse, die aber nicht garantiert sind und mit denen man daher besser nicht rechnet. Da man Leibrenten zu 40 Prozent als Einkommen versteuern muss, verbleiben nach Abzug der Steuern bei einem Grenzsteuersatz von 25 Prozent netto 12'150 Franken pro Jahr.
Statt eine Leibrente zu kaufen, kann der Rentner sein Vermögen selber verwalten. Davon kann er sich dann jedes Jahr einen Betrag in der Höhe der Leibrente auszahlen. Beim Kapitalverzehr muss der Anleger nur den Zinsertrag als Einkommen versteuern, im Gegensatz zur Leibrente aber das Kapital als Vermögen. Die Vermögenssteuer wurde in der Vergleichsrechnung jedoch nicht berücksichtigt, weil sie in den meisten Kantonen relativ gering ist.
Die Unterschiede der beiden Varianten zeigen sich am Stand des Kapitals. Beim Kapitalverzehr beläuft sich das noch vorhandene Vermögen nach 20 Jahren – was der ungefähren Lebenserwartung eines 65-Jährigen entspricht – auf 117'770 Franken. Bei der Leibrente sind es nur noch 22'700 Franken. Dieser Betrag, die so genannte Rückgewähr, würde beim Tod des Pensionärs im Alter von 85 Jahren an dessen Erben ausbezahlt. Der Pensionär könnte sich beim Modell Kapitalverzehr also eine höhere Rente auszahlen, auch wenn er zur Sicherheit mit einer verbleibenden Lebenserwartung von 25 Jahren rechnen würde. Bei der Leibrente ist das Kapital nach knapp 22 Jahren aufgebraucht. Die Leibrente wird aber lebenslänglich ausbezahlt. Doch auch beim Kapitalverzehr ist das Einkommen während fast 30 Jahren gesichert.

Vergleich Leibrente und Kapitalverzehr

Berechnungsgrundlage: Mann, 65 Jahre alt, investiertes Kapital 300'000 Fr.

	Leibrente			Kapitalverzehr		
Jahr	Jährliche Rente[1]	Rente nach Steuern[2]	Stand Kapital[3]	Jährliche Kapitalentnahme	Einkommen nach Steuern[4]	Stand Kapital
1	13'500	12'150	279'200	13'500	12'000	292'500
2	13'500	12'150	265'700	13'500	12'038	284'850
3	13'500	12'150	252'200	13'500	12'076	277'047
4	13'500	12'150	238'700	13'500	12'115	269'088
5	13'500	12'150	225'200	13'500	12'155	260'970
⋮	⋮	⋮	⋮	⋮	⋮	⋮
20	13'500	12'150	22'700	13'500	12'857	117'770
21	13'500	12'150	9'200	13'500	12'911	106'625
22	13'500	12'150	0	13'500	12'967	95'258
23	13'500	12'150	0	13'500	13'024	83'663
24	13'500	12'150	0	13'500	13'082	71'836
25	13'500	12'150	0	13'500	13'141	59'773
26	13'500	12'150	0	13'500	13'201	47'468
27	13'500	12'150	0	13'500	13'263	34'918
28	13'500	12'150	0	13'500	13'325	22'116
29	13'500	12'150	0	13'500	13'389	9'058

1 Leibrente mit Kapitalrückgewähr an die Hinterbliebenen, vertraglich garantierte Rente ohne Überschüsse
2 Steuerbarer Anteil der Rente 40%, angenommener Grenzsteuersatz 25%
3 Auszahlung bei Tod des Rentenbezügers (Rückgewährskapital)
4 Nach Abzug der Einkommenssteuern auf den Zinserträgen des angelegten Kapitals, angenommener Zinsertrag 2% pro Jahr, angenommener Grenzsteuersatz 25%

Tipp!

Leibrenten bieten wie die Renten der Pensionskassen zwar ein lebenslänglich sicheres Einkommen und sind bequem, weil man sich nicht um die Anlage der Ersparnisse kümmern muss. Wer sein Kapital jedoch selber anlegt und aufbraucht, fährt in der Regel besser. Auch für die Erben bleibt so mehr übrig.

Die Etappenstrategie

Beim Kapitalverzehr stellt sich die Frage, wie man das Einkommen organisieren kann. Eine gute Möglichkeit ist die so genannte Etappenstrategie. Dabei wird das Kapital in einen Verbrauchs- und in einen Wachstumsteil aufgeteilt. In den Verbrauchsteil fliesst so viel Kapital wie nötig, um den Einkommensbedarf für die erste Planungsetappe von 10 Jahren zu decken. Dieses Kapital wird schrittweise aufgebraucht und in kurzfristig verfügbare und sehr sichere Anlageinstrumente wie Sparkonten und Obligationen in Schweizer Franken angelegt. Das restliche Kapital bildet den Wachstumsteil. Der Wachstumsteil bildet die Grundlage für die Einkommensplanung in den folgenden 10 Jahren. Aufgrund des langen Anlagehorizontes kann man das Kapital im Wachstumsteil auch in risikoreichere Anlagen wie Aktien oder Fremdwährungsobligationen investieren, die auf lange Sicht eine höhere Rendite versprechen als konservative Geldanlagen.

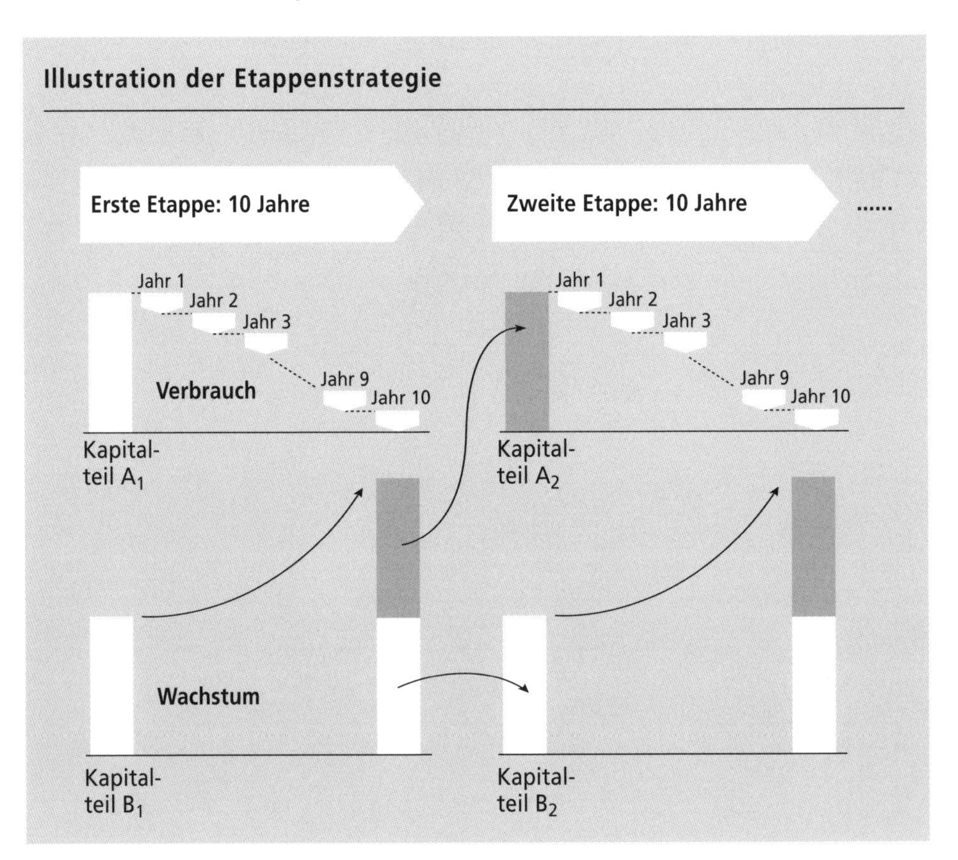

Tipp! *Wer das Kapital selber verzehren möchte, sollte gute Kenntnisse in Geldanlagen haben oder die Anlageentscheide bzw. die Umsetzung der Etappenstrategie an eine Fachperson delegieren, die auf die Sicherstellung des Einkommens nach der Pensionierung spezialisiert ist.*

Kapitel 11

Wie gehe ich bei der Planung meiner Pensionierung am besten vor?

Wie gehe ich bei der Planung meiner Pensionierung am besten vor?

Jeder möchte die Gewissheit haben, für die Jahre nach der Erwerbsaufgabe finanziell abgesichert zu sein. Die Finanzplanung ist aber eine anspruchsvolle Sache, die viele unterschätzen. Sie erfordert einerseits fortgeschrittene Kenntnisse in Mathematik, damit die zukünftigen Zahlungsflüsse und Vermögensentwicklungen richtig erfasst werden können. Andererseits ändern sich gesetzliche Rahmenbedingungen laufend und es besteht die Gefahr, dass man wichtige Aspekte ausser Acht lässt oder Fristen verpasst.

Der Finanzplan

Im Verlaufe dieses Buches wurden verschiedene Aspekte der Pensionierung behandelt. Damit haben Sie in den Grundzügen das Rüstzeug für die Planung Ihrer eigenen Pensionierung erworben. Nun müssen Sie alle Aspekte zu einem übersichtlichen Finanzplan zusammenfügen. Der Finanzplan ist eine genaue Aufstellung über die Entwicklung des Einkommens, der Ausgaben und des Vermögens für die Jahre bis zur Pensionierung und natürlich darüber hinaus. Je genauer Sie dabei rechnen, desto eher bleiben Ihnen böse Überraschungen erspart.

Wichtige Parameter

Der beste Finanzplan nützt nichts, wenn er auf falschen Annahmen beruht. Rechnen Sie beispielsweise mit zu hohen Erträgen aus den Geldanlagen, ist Ihr Vermögen schneller aufgebraucht als geplant. Womöglich stehen Sie dann im hohen Alter mit leeren Händen da. Gleiches droht, wenn Sie grössere Ausgabenposten wie zum Beispiel die Höhe der künftigen Steuerbelastung zu tief budgetieren. Gerne unterschätzt werden auch die Auswirkungen der Inflation. Was heute 10'000 Franken kostet, verteuert sich bei einer jährlichen Inflation von 2 Prozent innert zehn Jahren auf 12'200

Aufbau einer Einkommens- und Vermögensplanung (illustrativ)

	Jahr:	1	2	3	4	5	6	7	8	9	10	…
	Alter Frau:	59	60	61	62	63	64	65	66	67	68	…
	Alter Mann:	62	63	64	65	66	67	68	69	70	71	…
Einnahmen												
• Erwerbseinkommen		___	___	___	___	___	___	___	___	___	___	___
• Mieteinnahmen		___	___	___	___	___	___	___	___	___	___	___
• AHV-Renten		___	___	___	___	___	___	___	___	___	___	___
• …		___	___	___	___	___	___	___	___	___	___	___
• Zinsen/Dividenden		___	___	___	___	___	___	___	___	___	___	___
Total Einnahmen		___	___	___	___	___	___	___	___	___	___	___
Ausgaben												
• Lebenshaltungskosten		___	___	___	___	___	___	___	___	___	___	___
• Schuldzinsen		___	___	___	___	___	___	___	___	___	___	___
• Versicherungsbeiträge		___	___	___	___	___	___	___	___	___	___	___
• …		___	___	___	___	___	___	___	___	___	___	___
• Inflationsausgleich		___	___	___	___	___	___	___	___	___	___	___
• Steuern		___	___	___	___	___	___	___	___	___	___	___
Total Ausgaben		___	___	___	___	___	___	___	___	___	___	___
Finanzbedarf aus dem Vermögen		___	___	___	___	___	___	___	___	___	___	___
Vermögen												
• Liquide Mittel/Reserven		___	___	___	___	___	___	___	___	___	___	___
• Wertschriften		___	___	___	___	___	___	___	___	___	___	___
• Immobilien		___	___	___	___	___	___	___	___	___	___	___
• 2. Säule		___	___	___	___	___	___	___	___	___	___	___
• 3. Säule		___	___	___	___	___	___	___	___	___	___	___
• …		___	___	___	___	___	___	___	___	___	___	___
Total Vermögen		___	___	___	___	___	___	___	___	___	___	___
Steuersituation												
• Steuerbares Einkommen		___	___	___	___	___	___	___	___	___	___	___
• Steuerbares Vermögen		___	___	___	___	___	___	___	___	___	___	___

Franken. Innert 20 Jahren würden die heutigen Ausgaben um fast die Hälfte steigen, nach 35 Jahren wären sie doppelt so hoch. Ein wichtiger Parameter für Ihre Ruhestandsplanung

Wichtige Parameter für die Pensionierungsplanung

Parameter	Erklärung	Bedeutung
Inflation	Durchschnittliche jährliche Geldentwertung	Aufgrund der Langfristigkeit der Planung kumulieren sich selbst geringe Inflationsraten zu grossen Wertveränderungen
Anlage-rendite	Durchschnittliche langfristige Renditeerwartungen von Geldanlagen	Beeinflusst die Höhe des Einkommens nach der Pensionierung
Steuern	Durchschnittliche Steuerbelastung von Einkommen und Vermögen	Beeinflussen das verfügbare Einkommen als gewichtigen Ausgabenblock
Restlebens-erwartung	Statistisches Sterbealter von Personen einer bestimmten Altersklasse	Anhaltspunkt für die Mindestdauer der Planrechnung

ist auch die statistische Restlebenserwartung. Sie gibt einen Anhaltspunkt über die Dauer, die eine Planrechnung umfassen sollte.

Tipp!

Rechnen Sie in Ihrem Finanzplan ausreichend Reserven mit ein. Prüfen Sie, ob Ihr Einkommen auch dann sichergestellt ist, wenn Sie älter als angenommen werden, unvorhergesehene Ausgaben anfallen, Ihre Geldanlagen weniger gut rentieren oder die Inflation höher ist als erwartet.

Professionelle Hilfe empfehlenswert

Für die finanzielle Planung der Pensionierung sollten Sie eine Fachperson beiziehen, die Sie professionell unterstützt und dafür sorgt, dass das «Unternehmen Ruhestand» nicht in finanzielle Schieflage gerät. Je nach Teilgebiet eignen sich dafür spezialisierte Steuerberater, Rechtsanwälte oder Vermögensverwalter. Eine umfassende Beratung können Ihnen nur gut ausgebildete Finanzplaner bieten, die über fundiertes

Grundwissen in den relevanten Teilbereichen verfügen. Finanzplaner beschäftigen heute vor allem Banken, Versicherungen und spezialisierte Beratungsunternehmen.

Das wichtigste Kriterium: die Unabhängigkeit

Ein Finanzberater kann nur dann die für Sie beste Lösung erarbeiten, wenn er vollkommen unabhängig ist. Verlangt der Berater für seine Dienstleistungen ein Honorar, ist das ein erstes Indiz für seine Unabhängigkeit. Berater hingegen, die kostenlos sind, empfehlen ihren Kunden in der Regel Lösungen bzw. Produkte, die ihnen am meisten Provisionen einbringen. Doch aufgepasst: Auch wenn Finanzberater von Banken und Versicherungen in der Planungsphase ein Beratungshonorar verlangen, werden in der Umsetzung einer Finanzplanung praktisch immer hauseigene Produkte (zum Beispiel Anlagefonds oder Versicherungen) im Vordergrund stehen. Wirklich unabhängig beraten werden Sie in der Regel nur von Beratern, die keine Produktevermittler sind und die für ihre Beratung ein Honorar verlangen, das kostendeckend ist.

Tipp!

Verlangen Sie vor Beginn einer Beratung eine schriftliche Offerte, in der die Planungsarbeiten des Beraters genau umschrieben und die ungefähren Kosten ersichtlich sind. Bestehen Sie darauf, dass der Berater Sie rechtzeitig informiert, falls sein Aufwand die veranschlagten Kosten überschreitet.

Ablauf einer Pensionierungsberatung

Wie eine unabhängige Pensionierungsberatung ablaufen sollte, zeigt das Beispiel des VZ VermögensZentrum. In einem kostenlosen ersten Gespräch werden die persönliche und die finanzielle Ausgangslage sowie die wichtigsten Fragestellungen des Kunden erfasst. Im Anschluss daran erhält der Kunde eine schriftliche Offerte. Darin sind der Beratungsauftrag, das Honorar und das weitere Vorgehen klar umschrieben.

Beispielhafter Ablauf einer Pensionierungsberatung

Beispiel: VZ VermögensZentrum

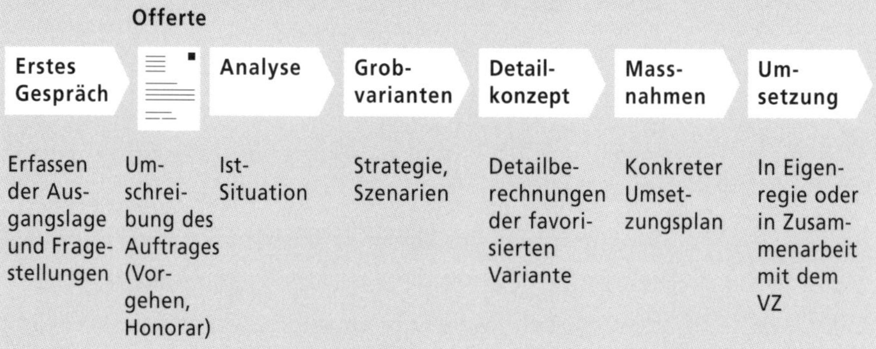

Erstes Gespräch	Offerte	Analyse	Grobvarianten	Detailkonzept	Massnahmen	Umsetzung
Erfassen der Ausgangslage und Fragestellungen	Umschreibung des Auftrages (Vorgehen, Honorar)	Ist-Situation	Strategie, Szenarien	Detailberechnungen der favorisierten Variante	Konkreter Umsetzungsplan	In Eigenregie oder in Zusammenarbeit mit dem VZ

Hat der Kunde den Beratungsauftrag erteilt, erstellt das VZ zunächst ein Grobkonzept, in dem verschiedene Varianten (zum Beispiel zur Einkommenssicherstellung) durchgerechnet werden. Schritt für Schritt erarbeitet das VZ ein massgeschneidertes Detailkonzept für die vom Kunden bevorzugte Variante sowie einen konkreten Plan zur Umsetzung. Bei der Umsetzung der Empfehlungen ist der Kunde frei: Er kann alle Empfehlungen in Eigenregie umsetzen oder das VZ damit beauftragen. Das VZ übernimmt dann die Verwaltung des Vermögens und optimiert die Steuerrechnung sowie die Hypothek. Zudem handelt das VZ mit den Banken bzw. Versicherungsgesellschaften den besten Preis für ein bestimmtes Produkt aus und übernimmt auf Wunsch nach Ableben des Kunden die Willensvollstreckung.

Die wichtigsten Planungsaufgaben im Überblick

Nachfolgend haben wir die wichtigsten Planungsaufgaben im Zusammenhang mit der Pensionierung noch einmal zusammengefasst. Je früher Sie diese Aufgaben in Angriff nehmen, desto eher können Sie diesem wichtigen Lebensabschnitt geruhsam entgegenblicken.

- Legen Sie das genaue Datum Ihrer Pensionierung fest.
- Klären Sie ab, ob Ihre Pensionskasse den Bezug des Kapitals erlaubt und welche Anmeldefristen Sie einhalten müssen. Entscheiden Sie danach rechtzeitig, ob Sie die Rente oder zumindest einen Teil des Kapitals beziehen wollen.
- Machen Sie sich Gedanken zu Ihrer Wohnsituation nach der Pensionierung. Wollen Sie zum Beispiel in eine Eigentumswohnung ziehen oder das Haus behalten?
- Entscheiden Sie, ob und wie viel die Hypothek amortisiert werden soll.
- Prüfen Sie mit Hilfe eines Budgets, ob Ihre Einnahmen nach der Pensionierung reichen, um die voraussichtlichen Ausgaben zu decken. Falls sich dabei eine Einkommenslücke ergibt, müssen Sie ermitteln, wie viel Kapital nötig ist, um diese Lücke zu schliessen.
- Erstellen Sie eine Übersicht über Ihr bestehendes Vermögen (Immobilien, Kontoguthaben, Vorsorgegelder aus der zweiten Säule und der Säule 3a, Wertschriften, Lebensversicherungen, Beteiligungen, Erbanwartschaften etc.) und dessen Verfügbarkeit.
- Falls Ihr Vermögen zur Deckung der Einkommenslücke noch nicht ausreicht, müssen Sie herleiten, wie viel zusätzliches Kapital Sie dazu benötigen und wie Sie dieses Kapital am besten ansparen.
- Definieren Sie die Zielsetzungen für das Vermögen nach der Pensionierung: Soll das Vermögen in erster Linie für die Erben erhalten bleiben oder müssen Sie es verzehren?
- Legen Sie die Anlagestrategie fest (Leibrenten-Police, Immobilien, Obligationen, Aktien).
- Melden Sie den Bezug der AHV-Rente drei bis vier Monate vor der Pensionierung bei Ihrer AHV-Zweigstelle an.
- Erstellen Sie einen möglichst genauen Finanzplan, der die Entwicklung der Ausgaben, der Einnahmen und des Vermögens nach der Pensionierung zeigt.

- Regeln Sie Ihre Erbschaftsangelegenheiten mittels eines Testaments, Ehe- oder Erbvertrags. Prüfen Sie den Einsatz eines Willensvollstreckers.
- Suchen Sie für die finanzielle Planung Ihrer Pensionierung einen geeigneten Berater.

Wenn Sie planen, sich frühzeitig aus dem Erwerbsleben zurückzuziehen, sollten Sie zudem folgende Punkte beachten:
- Klären Sie ab, wann Sie Ihre Pensionskassenleistungen und die AHV-Rente frühestens beziehen können.
- Fragen Sie Ihren Arbeitgeber, ob er Sie finanziell unterstützt, zum Beispiel in Form einer Überbrückungsrente bis zum regulären Pensionsalter.
- Prüfen Sie auch andere Möglichkeiten zur Überbrückung der Einkommenslücke, zum Beispiel den frühzeitigen Bezug von Säule-3a-Kapitalien.

Autor:
Nicola Waldmeier
(VZ VermögensZentrum)

108 Seiten, Paperback,
1. Auflage (2003)
Preis: 29 Fr.
ISBN 978-3-9521824-6-8

Im Buchhandel
erhältlich oder unter
www.vermoegens-
zentrum.ch

VZ-Ratgeber «Hypotheken»

Dieser VZ-Ratgeber konzentriert sich auf die wichtigsten Fragen zum Thema Hypotheken: Wie wirkt sich eine Hypothek auf meine Steuern aus? Wie viel Hypothek ist sinnvoll? Soll ich mein Pensionskassengeld einsetzen? Soll ich direkt oder indirekt amortisieren? Welche Hypothekarmodelle gibt es? Wie optimiere ich mein Kredit-Rating? Was ist die beste Hypothekarstrategie? Wie finde ich den günstigsten Anbieter? Wie kann ich meine Hypothek «versichern»?

Im Ratgeber wurden die Erfahrungen aus der Beratungspraxis im VZ VermögensZentrum aufgearbeitet. Der Autor hat zusammen mit einem Team von erfahrenen VZ-Beratern die wichtigsten Fragen zu Hypotheken zusammengefasst und in verständlicher Form dargestellt. Empfohlen für Hausbesitzer und alle, die es werden wollen.

Autoren:
Giulio Vitarelli,
Serge Lutgen,
Nicola Waldmeier
(VZ VermögensZentrum)

108 Seiten, Paperback,
1. Auflage (2004)
Preis: 29 Fr.
ISBN 978-3-9521824-9-9

Im Buchhandel erhältlich oder unter www.vermoegens-zentrum.ch

VZ-Ratgeber «Erben und Schenken»

Dieser VZ-Ratgeber konzentriert sich auf die wichtigsten Fragen zum Thema Erben und Schenken: Welche Vermögenswerte fallen in die Erbschaft? Wer erbt wie viel? Wie formuliere ich ein Testament? Wie kann ich meinen Ehepartner besser absichern? Wie regle ich die Geschäftsnachfolge? Soll ich das Vermögen bereits zu Lebzeiten weitergeben? Was gilt bezüglich Vorsorgegelder und Lebensversicherungen? Welche Rechte und Pflichten haben die Erben? Wie lassen sich Erbschafts- und Schenkungssteuern reduzieren? Wie gehe ich bei der Nachlassplanung vor?

Im Ratgeber wurden die Erfahrungen aus der Beratungspraxis im VZ VermögensZentrum aufgearbeitet. Die Autoren haben zusammen mit einem Team von erfahrenen VZ-Beratern die wichtigsten Fragen zur Erbschaftsplanung zusammengefasst und in verständlicher Form dargestellt.

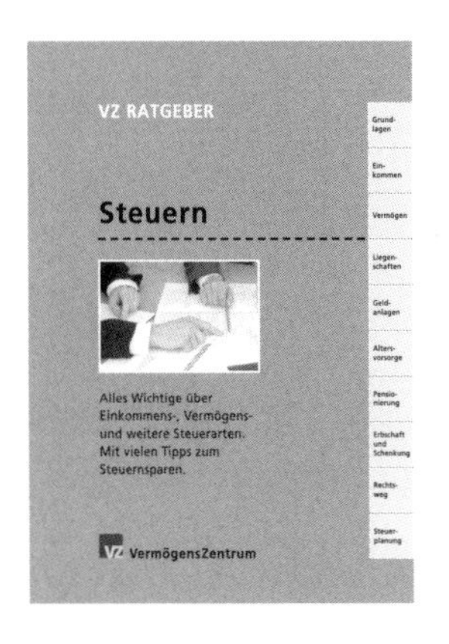

Autoren:
Thomas Metzger,
Nicola Waldmeier
(VZ VermögensZentrum)

120 Seiten, Paperback,
1. Auflage (2005)
Preis: 29 Fr.
ISBN 978-3-033-00459-7

Im Buchhandel
erhältlich oder unter
www.vermoegens-
zentrum.ch

VZ-Ratgeber «Steuern»

Dieser VZ-Ratgeber konzentriert sich auf die wichtigsten Fragen zum Thema Steuern: Wie kann ich meine Einkommenssteuern reduzieren? Wie spare ich Vermögenssteuern? Wie wirkt sich Wohneigentum auf meine Steuern aus? Wie lege ich mein Geld steueroptimiert an? Wie kann ich bei der Vorsorge Steuern sparen? Wie wirkt sich die Pensionierung auf meine Steuern aus? Wie lassen sich Erbschafts- und Schenkungssteuern reduzieren? Wie gehe ich bei Steuerstreitigkeiten vor?

Im Ratgeber wurden die Erfahrungen aus der Beratungspraxis im VZ VermögensZentrum aufgearbeitet. Die Autoren haben zusammen mit einem Team von erfahrenen VZ-Beratern die wichtigsten Fragen zu Steuern zusammengefasst und in verständlicher Form dargestellt. Der Ratgeber zeigt auf, wie Sie Ihre Steuerbelastung nachhaltig reduzieren.

Autor:
Dr. Erik Johner, LL. M.,
Advokat in Basel und Zürich

256 Seiten, Paperback,
1. Auflage (2006)
Preis: 39 Fr.
ISBN 978-3-033-00626-3

Im Buchhandel erhältlich oder unter www.vermoegens-zentrum.ch

VZ-Ratgeber «Scheidung»

In diesem VZ-Ratgeber erfahren Unternehmerinnen und Unternehmer, Selbstständige und Gutverdienende, was sie zu diesem schwierigen Thema wissen müssen: Wie läuft eine Trennung normalerweise ab? Wann und nach welchen Regeln wird das Vermögen geteilt? Wie wird der Unterhalt für den Ehepartner und die Kinder festgelegt? Was passiert mit dem Unternehmen? Wer darf in der gemeinsamen Wohnung bleiben? Was bedeuten Trennung und Scheidung für die Vorsorge?

Der Autor praktiziert in einer angesehenen Anwaltskanzlei in Basel und ist unter anderem auf Scheidungsrecht spezialisiert. Er vertritt regelmässig Unternehmerinnen und Unternehmer, bei denen eine Scheidung auch weit reichende Folgen für das Unternehmen mit sich bringt und die Teilung des ehelichen Vermögens besonders kompliziert ist.